李大千 ◎ 编著

王传福的创新智慧

ZHEJIANG UNIVERSITY PRESS
浙江大学出版社

目　录

创新是科学，还是艺术？

21 岁的时候，他从中南工业大学冶金物理化学系毕业进入北京有色金属研究院。

26 岁的时候，他成为北京有色金属研究总院高级工程师、副教授。

27 岁的时候，北京有色金属研究院在深圳成立比格电池有限公司，由于和他的研究领域密切相关，他被任命为公司总经理。

29 岁的时候，一个偶然机会，他放弃舒服日子，去做了苦行僧——开创一个在当时可以看到市场空间却无任何核心资源的企业——比亚迪。

36 岁的时候，在国内外企业围剿下，历经七载春秋，他神奇般地将公司的镍镉电池的产销量做到全球第一、镍氢电池排名第二、锂电池排名第三，成为享誉全球的"电池大王"。

37 岁的时候，他又斥巨资高歌猛进汽车行业，面对已经红海一片的汽车市场，誓言成为"汽车大王"。

41 岁的时候，比亚迪在深圳展示了其多年研发的铁电池成果——以铁电池为动力之一的 F6DM 轿车正式亮相。其核心技术铁电池一度成为商业神话。

43 岁的时候，F3 以 29 万多辆的销量成为当年中国车市单一车型销量冠军，其发展速度被誉为"火箭速度"。同年，胡润研究院公布：他以财富人民币 350 亿元成为当年的中国首富……

他就是王传福。

从王传福的传奇故事中，我们不难发现：王传福的发展是直线型，即使有曲线，其总体方向也都是向上延伸。由此，大家都不禁会问：是什么因素成就了这位商界奇才？很多人认为是智慧、能力和汗水，而王传福却认为：最关键是敢于创新。

创新是支撑比亚迪走向一个又一个成功的航标塔，穿越一重又一重巨浪的关键力量。那什么才是创新呢？如何做到创新呢？多年来，大家一直争论不休，不见定论，唯有参照诸多成功者的前行足迹。

有人认为，创新是科学，一切遵循科学标准；也有人说，创新是艺术，创新无定式。其实，这都没有对和错，只要看创新带来的结果，消费者掌声的多寡足以说明一切。就像"无论黑猫白猫，只要能抓到耗子就是好猫"一样，以结果证成效。因此，我们需要从成功案例中去总结经验，从标杆企业中找方法和规律。我们从王传福的商业神话中可以看到，在他引导下的创新既是科学，更是艺术。或许正因此，他的很多创新是颠覆性的，甚至让人无法理解。最终，饱受非议的他就是通过这种混合创新模式，创造了一个又一个商业传奇。

一、科学性创新

科学性创新就是以科学理论或者方法作为创新指导方向。王传福所推崇的家文化，就是通过心理学家马斯洛提出的五层次需求理论，构建了满足不同员工需求的制度文化，把形形色色的"小家"组建成了一个温馨的、一体化的"大家"，最终形成了"家庭—学校—军队"三角形、稳固的文化架构。这是典型的科学化管理模式。此外，铁电池的成功研发、电动车震惊世界等创新传奇，无不是创新科学的结晶，更是科学管理的成功体现。另外，比亚迪在品质管控、工艺流程方面的创新也都是依据科学标准进行创新引导。由此可见，创新有了科学作为基础，可以使其更坚固。

二、艺术性创新

艺术性创新就是依据人性特点、市场环境进行的反常规、反传统，甚至是颠覆性的创新。实际上，创新不仅是科学，还是艺术。也只有具有艺术化创新的把握，才能创造更多的商业传奇。苹果、谷歌、IBM皆是如此。而在比亚迪也能看到这样的创新案例。目前，比亚迪的员工数量完全可以用"人山人海"来形容，作为"一家之长"的王传福却把管理引向艺术化路径——简单管理，28个事业部只向王传福一个人汇报，把大家都批判的集权管理做成了成功楷模。按照常规管理模式，金字塔形管理是大型企业中常见的管理模式，但王传福却通过这种"非复印"管理模式，避免了大企业的臃肿病、拖拉病，让企业虽为庞大的巨人，在行动上却能做到迅如脱兔，这是典型的艺术化管理变革所带来的益处。

此外，为了给新员工锻炼和实践的机会，王传福也采取了艺术管理模式。刚毕业的大学生，一上来就接触整车项目，且每年花几千万元购买全球最新名车，让这些学生们练习拆卸。其中，不乏宝马、奔驰、保时捷等。面对如此昂贵的车型，有年轻研发人员不敢轻易"下手"，王传福竟然用钥匙把车划破，然后让这些学生"拆破损车"，在这种艺术化管理的氛围中，这些学生很快成长为工程师。按照王传福的话说:"如果你把人看作创造者,他就是设计师。"这种反传统的创新管理,在比亚迪随处可见。

三、融合性创新

实际上,王传福的很多创新都游走在科学与艺术之间,是无法进行严格区分的。比如制造模式,通过"机器＋工人＝机械手"的半自动化模式生产高性价比汽车。在其中,机器部分毫无疑问是科学,而与工人组合后的半自动化模式却有艺术化色彩,但王传福通过科学管理,其生产品质一如标准化、自动化的管控,且通过工艺创新节省了成本,使生产也变得更灵活多变。这就是一个典型的科学与艺术的融合。此外,还有非专利技术的集合、垂直整合产业链等,都是两者结合的经典案例。如上所言,无论科学还是艺术,都是以结果为准绳。坚持高性价比竞争力的比亚迪,创造了很多不寻常,而这其中自然离不开王传福的创新智慧。

实践出真知。我们从王传福的创新智慧中不难发现,创新确实是科学,也更是艺术。甚至可以说是"艺术为体,科学为用"。实际上,王传福的这些创新智慧在我们进行创新变革时,确实是一个很好的借鉴。在此,我需要提醒大家的是,所有模式都不是用来直接复制的,因为复制比亚迪模式是难以成功的,这不是简单地在电脑上复制"文件"。市场背景、团队构成、企业文化,甚至企业管理者,都不一样,谈何全面的成功复制?但是,王传福的智慧、思维却是可以复制的,思想可以武装到任何行业、任何地点、任何时间。思想无敌,智慧可用。我的终极愿望就是,通过本书,能让"思考者行动,行动者思考"。

　　在此，我还需要说明的是：因为时间和能力所限，书中疏漏和不当之处
在所难免。由于经常出差，使撰写工作时断时续，更让我的整体思路变成了
散点整合。此外，在本书撰写过程中，我也参考了很多媒体对比亚迪的采访
报道以及中外专家的智慧思想，在此一并表示感谢。如果没有这些基础素
材，很多思路将难以获取和延伸。最后，希望本书能给大家带去一些思考、一
些借鉴。

龙　啸

2011 年 5 月 15 日

第一部分

创新准备：一慢二看三通过

创新红绿灯下的"一慢二看三通过"

现在,"创新"已经是各个领域的口头禅、流行语,谈话中动辄就是创新,一度呈泛滥成灾之势。

但大家对创新的理解往往是五花八门,甚至是"瞎子摸象"。那么,创新到底是什么呢?在经济学中,创新概念源自世界著名经济学家熊彼特在 1912 年出版的《经济发展理论》。熊彼特在这部著作中明确提出:创新是指把一种新的生产要素和生产条件的"新结合"引入生产体系。它基本包括下面五种情况:一是引入一种新产品,也就是创造出消费者还不熟悉的产品或者发掘出一种产品的新特性;二是引入一种新的生产方法,也就是创建大家在实践中还未知悉的生产方法;三是开辟一个新的市场,也就是企业开创以前不曾进入的市场,即开拓出一种新的渠道或市场;四是获得原材料或半成品的一种新的供应来源,这是供应环节的创新;五是实现任何一种工业的新组织,比如形成一种垄断地位或者打破一种垄断地位都属于这个范畴。

回归市场层面,这样的创新案例比比皆是。比如微软通过产品的不断更新换代的策略来垄断市场；比如比亚迪通过"工人 + 工具"的半自动化生产模式完成生产制造的创新；比如苹果在移动 PC、MP3、电纸书、游戏机之间找到功能集成的新市场空隙……这些都是对熊彼特的"创新"概念的实践验证。其实，从众多案例本身而言，创新就是打破惯性思维，借助某些技术或者跳出常规的智慧，把很多常态中的所谓"不可能"变成"可能"。也正是基于这一个显著特点，创新已经成为企业实现市场破局的神方良药。

市场短兵相接的白热化竞争，把很多企业压在冰底，面对头顶厚厚的冰层，很多企业难以翻身，寻求"神药"的想法也就在心中潜滋暗长了。众所周知，作为中国企业，特别是中小型企业，既要面对不对等竞争，还要面对动态竞争。一方面，要跟资本、管理、技术等全面领先的跨国公司市场争夺市场蛋糕。这种一场接一场的不对等战役，多处于"逆水行舟"的危险处境。在很多时候，如果稍有松懈，就会被海水无情地打翻，甚至跌进无情的冰层间；另一方面，也要跟国内同行展开近距离的巷战。庞大的市场疆域，也造就了日新月异、千变万化的动态式竞争，让很多企业不得不以变制变。最要命的还不止这些，而是竞争者彼此之间往往非常熟悉，很容易复制或取代你现有的优势。由于相互之间更为了解，其竞争也就更显得艰辛。在这种竞争背景下，很多谋求快速发展的中小型企业一直身处"内忧外患"的竞争状态中。稍不留神，就很快会被对手甩在后面，"三年河东，三年河西"已经成为竞争常态。尤其是随着生产过剩时代的到来，市场很容易被搅成一块巨大的泥团，跟随者难以实现超越，领先者也无法甩掉跟随者。换一个方式来讲，就是你今天凭借某一点创新超越了我，明天我又借助另一个热点超过了你。在此时，如果没有持续的、独特的创新模式，企业不仅无法成长，还会面临被竞争对手蚕食、拖垮，甚至被鲸吞的危机。在市场的压迫下，创新必然成为很多企业的唯一选择。

近十多年来,国内企业的创新已经有了飞速发展与全新变革:渠道创新、营销创新、品牌创新、模式创新、产品创新等,都曾让人们耳目一新,甚至赞叹不已。但结果呢?很多创新就像流行音乐一样,匆匆地去,一如匆匆地来,留下的只是一丝丝慨叹。对此,甚至还有人半开玩笑地说:"不创新等死,创新是找死。"事实不就是如此吗?三株凭借渠道创新,风光四年后,几乎是一夜之间就倒下了;秦池凭借传播创新,曾号称"每天开进央视一辆桑塔纳,开出一辆豪华奥迪",结果也是昙花一现;凭借概念创新的"爆果汽",在 2003 年由健力宝公司的主导下横空出世,但短暂的时尚旋风后,却是销声匿迹;汇源凭借产品创新,找到了男女需求差异化的切入点,将"他 + 她 -"推向市场,就在行业一片喝彩的时候,可谁又料到创新道路"百战多",最终倒在了充满掌声的舞台上。类似的梦断创新路的案例有很多,很多创新产品(企业)往往是风光了几年后,就被消费者无情地抛弃了,这也难怪有了"不创新等死,创新是找死"的偏激论断。

那么,到底是什么原因造成了这些创新的猝死和短命?为什么这些创新不能帮助企业走出泥潭,引领企业未来?

实际上,创新是一种长跑战略,而不少企业却把它看作短跑战术。目前,很多企业管理者都肯定地认为,创新就是想方设法地吸引消费者,以此达到销量的领跑。这原本没有错,创新的目的就是创造更多的利润。但创新是一个战略体系,是伴随企业成长的"马拉松",而不是帮助企业渡难关的阶段性战术,也不是仅仅做了"短跑"准备,就可以"乘风破浪"。企业要想护佑创新战略走长远,并能够产生长久的效益,企业必须有相匹配的管理、文化等综合能力。这样,才能让创新成为长跑战略。秦池光顾着做销量了,竟然连产品品质的基本原则都放弃了。这种创新如何走远?内行看行情,外行看热闹。别看很多企业动辄就产生创新战略,但基本上没有几个是能够把自己的创新战略坚持下来,并发扬光大的。对于很多企业来说，一旦所谓创新迎来了丰收，就会低头忙于应付订单，并没有考虑到长远的市场战略。对此，有专家一再强调"羚羊定律"的重要性：对羚羊来说，决定的因素不是谁打败了狮子，而是谁跑得更快！但是，羚羊终归是羚羊，你必须学会做狮子。在发展初期，为了生存可以做短期效益的事情，当渡过了生存难关，就必须考虑整体战略，即如何做成狮子。只有这样，你才能看得更远、发展更大和能力更强。当然，如果在初期就按照狮子的方向去做，只是偶尔做羚羊过渡一下，也未尝不是一种最佳选择。但是，企业必须学会这种智慧和能力，否则就难免会遭遇"昙花一现"的创新死结。

很多企业都犯了创新基本原则的"戒律"：创新是关注消费者的喜好与需求，而不是凭借自己的喜好。但实际上，很多企业就喜欢为炒作而创新，甚至不"哗众取宠"不罢休，在概念上做得花里胡哨，却忽略了消费者的真实需求。在这样的背景下，企业常常是"创新未捷身先死"。依照世界战略大师大前研一的观点，顾客是所有战略的基础。企业只有首先考虑到顾客的利益，才能做到最好、最长久的创新。可口可乐、宝洁等跨国企业之所以能够长盛不衰，其中一个秘诀就是始终把"是否能够符合消费者的要求"作为产品创新的最高标准。当很多企业忙于炒作概念的时候，这些企业却始终坚持做最优秀的产品。实际上，只有产品满足消费者真实需求的创新，才是能够保持活力的、有价值的营销，也才能有能力不断地推动更多有价值的创新。企业应当让创新既能符合消费者需求，又能引领消费者需求。

企业创新猝死和短命的因素有很多，在上面我只是简单地谈了两点。而最关键的是，如果我们深层地理解创新，就应该把创新当成一种持久战略，而不是战术或者救市稻草。即使不得已而为之，也要尽快转变这种观念，规避由此带来的后期风险。只有这样，创新才能如经典老歌，长盛不衰。当我们去看比亚迪创新的时候,就会发现,王传福已经把创新作为战略渗透到企业的一言一行。如果把王传福的创新智慧比做一辆汽车的话,那么环境是路况,战略是方向盘,人员是车的油门,产品是车的左轮,管理是车的右轮……最终,这些创新协调到一起后,形成了真正有效的、长久的创新跑车,快速地驰骋在市场高速路上。更重要的是,还能保持一种稳定、安全的速度,让企业能够远离创新陷阱。

创新确实是一个危险的战略游戏。做好了,可以规避红灯风险,创造绿色通道,最终,创造出传奇故事;做不好,就会出现闯红灯的结局,或者很多车纠结一起,结果都无法通行。那么,如何做成创新"故事",并规避创新"事故"呢?从交通常识上看"红灯停,绿灯行",从王传福的创新案例来看,那就是做好创新的"一慢二看三通"。"一慢"就是从战略上做到精细化、长久化的规划,并做到创新链条的整体协同。"二看"就是要看企业内部情况和市场发展情况,通过两者的衡量作出最适合的创新策略。知己知彼,百战不殆。这既是战争兵法,也是营销创新精髓。"三通过"就是产品、人员、营销都要匹配。产品是战场上的武器,其精良与否决定了成功率。队伍的精干程度,也决定了你能否创造市场奇迹。营销是一种智慧,何时发动营销战,如何发动,如何配合等,这些都需要企业家有谋有略,这样才能打赢长久的创新战。

第一章

一慢：从战术拍脑门到战略协同力

创新基因：文化沐雨与战略协同

创新不是单一的体力活，而是综合性的智力活。我们从苹果、谷歌、宝洁等知名企业的案例中都不难发现：它们的创新战略不仅仅局限于单一的专利发明、新品研发、传播创新等，而是涉及企业的综合创新力，通过多项综合创新组合，完成了创新的组合聚变。在这些创新典范中，我们还发现，每个企业都有一个核心目标。在这个目标下，各项创新全部指向同一个方向，由此完成整体创新链条的整合与协同。此外，在这些企业中，创新已经成为企业文化，渗透在企业的发展血液中。只有这样，才使它们成为（或保持）世界级的创新标杆。

如果深入思考，我们可以发现，对于大多数传统形式的竞争优势，比如成本、技术、质量、管理、渠道、设计、服务等，都可以被竞争对手模仿，甚至轻易赶超。这些竞争优势在很多时候，都是你有我有全都有，相互之间差别不大，如果对方做到"你有我优"，你将如何应对？只单一地依靠简单几个可变因素去与对手竞争，一旦遭遇对手的强攻，注定就要失败。曾在美国领先家电制造商惠而浦公司担任全球创新副总裁的南希·坦南特，在《创新战略》一书中这样阐述创新战略："一系列各种各样的行动，以创新的心态和技能进行消化、吸收、内化，并渗透于组织全身的肌理和血脉。"也就是说，创新不是一个简单的口号，也不是几个战术，而是企业由上至下形成的企业文化，在这样的文化下，才有源源不断的创新力，也才具有战略的整合与协同。在这个战略愿景下，整个组织文化都流淌着创新的血液，这样的创新才能持久。实际上，企业要想长久创新，必须建立一个基于创新战略愿景的企业文化。我们以比亚迪为例，王传福本身就是技术出身，善于颠覆性地创新，而且从企业构建开始就是通过创新完成了企业从生存到领跑的蜕变。在这样的氛围中和王传福的影响下，全体员工都具有了创新意识，企业形成一种渗透于每一个人心中的创新文化。

其实，很多企业所进行的产品、渠道等创新策略，由于是单点创新，因而也就很容易被对手所模仿和超越，正如营销专家史蒂夫·亚斯特罗所言，它们不过是"基本商业卫生步骤——相当于公司经营中的'刷牙'"。由于很多企业更容易过于关注某些表面化技能，比如单一的外观、外形等，也就往往忽略了其他关键技能，比如核心技术、生产模式、产业链等。因此，作为创新战略，不仅需要企业形成一种创新的企业文化，还要具有创新体系，或者团队组合，以此保障创新的持久性和防御性。IBM 的大型创新，例如通过世界公共网格计算平台展示网格计算，也是在倡导合作中得以实现的。现任 CEO 彭明盛曾鼓励数十万的 IBM 员工参加公司价值观的网上大讨论，创新和技术副总裁尼克·多诺弗里奥更是努力让全球 9 万名技术人员感觉自己是同一个创新大家庭的成员。其目的是什么？就是为了实现了团队力量的整合，让人人都参与到创新行动中，最终完成创新的"众"聚合，也就有了无可想象的组合聚变力量。这既是一种文化，也是一种战略整合与协同。比亚迪从 IT 行业到汽车行业，再从传统汽车到电动车，每一次蜕变过程，都是在整个创新团队的合作下快速完成的创举。

这样,才能实现经验的复制,同时在复制过程中进行持续性创新,以此实现成功复制和经验传承。此外,更为关键的是,王传福一直以身作则,领导着团队进行创新,以此形成和构建了创新的企业文化氛围。透过这种文化氛围,我们也就不难发现以此实现战略整合(从IT电池到汽车电池)和战略协同(产业链协同、制造模式协同、团队协同等)。

正如我们所看到的,比亚迪的成功绝不是一个单项的创新,而是系统整合的成功,它是一种具有文化基因构建和战略整合协同的成功。比亚迪用自己的创新逻辑,将这一模式从电池复制到手机部件,再复制到汽车,都取得了令业界震惊的快速发展。

案例·创新长跑:战略协同的"发动机"

从1995年成立至今,在短短16年间,比亚迪从"电池大王"到"汽车新贵",光环炫目。那么,这种迅速崛起的秘诀是什么呢?很多人看不明白,都想找到比亚迪快速成长的秘诀。其实,比亚迪的掌门人王传福早已一语道破天机:"一个企业竞争力的核心在于创新。而比亚迪一直坚持技术为王、创新为本的企业发展理念。用新技术开拓全新市场,用创新改变传统格局。"也就是说,创新战略是比亚迪的成功DNA。

实际上,创新没有那么复杂!有的企业遇到难题就退缩,有的企业遇到问题就进行创新。王传福的创新战略,其实都是在现实困难中被逼出来的。1995年,当王传福进入电池领域淘金的时候,生产设备成为创业的第一道门槛。一条日本镍镉电池生产线需要几千万元投资,再加上日本禁止出口,王传福买不起也根本买不到这样的生产线。没有设备就必然无法生产,其庞大的市场空间变成了一个空理论。当时,王传福已经辞职下海,失去了任何体制保障。已经没有退路的他只能自己寻找解决办法,于是就利用中国人力资源成本低的优势,决定自己动手建造一些关键设备,然后把生产线分解成一道道可以人工完成的工序,结果只花了 100 多万元人民币,他就建成了一条日产 4000 个镍镉电池的生产线。通过生产模式的创新,使其总体成本比日本对手低了 40%。利用成本上的优势,借助一些代理商,比亚迪开始逐步打开低端市场。低价格高品质的营销模式,让比亚迪深受用户欢迎,大客户名单上陆续出现了松下、索尼、通用等跨国巨头的名字。随后,比亚迪的电池产业发展进入"月涌大江流"的发展期。目前,在镍镉电池领域,比亚迪全球排名第一,镍氢电池排名第二,锂电池排名第三。这个瞩目成就足以证明其商业模式的成功。

如果说王传福进入电池领域是冒险,而在 2003 年进入汽车领域则看起来更为疯狂。王传福要和大众、丰田在同一个赛场比赛,这种实力悬殊显而易见,甚至其结果似乎也毫无悬念——连国内汽车巨头都难以做到的梦想,既是"外行"又是新兵的比亚迪更就别想了。在市场一线,除了跨国汽车巨头的强势狙击,比亚迪还将面临本土汽车企业的四面伏击。按照常规打法,无论是技术还是营销,王传福都无法打赢。但这并不等于没有破局之道,关键在于企业是否找到破局的命门。"颠覆性技术"首创者,哈佛商学院教授克莱顿·克里斯滕森曾经说:"每一家企业都可以设计出与竞争对手一样的产品,而它们之所以不能与后来者竞争,是因为没有找到能用很低的成本制造汽车的商业模式。"这句话再次被王传福用成功的案例作了实践证明。

就在王传福挥师汽车领域的时候,国内连续几年井喷的汽车市场正出现市场低迷。正是这种低迷,让进行颠覆性创新的王传福发现了新机会,就在很多汽车企业为了多卖出一辆车而拼得你死我活时候,却忽略了另外一个市场空间——高性价比汽车。在当时,多数汽车的价格偏高,而缺失一种高性价比的汽车产品。就像王传福所描述的,这个车具有时尚、大气的形体,而性能也不差,关键是价格一定要低。实际上,这指向了一个庞大的市场需求,在家电、食品、饮料等诸多行业都可以看到"高性价比"模式的成功案例。谁能抓住这点,并实践落地,谁就能找到市场发展的拐点。看到汽车行业的这种症状,王传福首先就将价位卡死在了10万元以内。

在这个发展阶段,王传福的创新战略都指向同一个方向——高性价比。这虽然是一个并不稀奇的战略,但是没有诸多创新是无法做到的,否则作为先行者的汽车巨头早就轻而易举地占据了这个市场。那么,王传福都做到了哪些创新呢?这些创新如何做到战略协同呢?

在回答这个问题之前,首先要明确企业的战略目标。其实,企业在找自己的战略目标前,还要先找到自己的竞争优势,特别是绝对性优势,这样才能与对手形成差异化竞争,并迅速突破对手的围堵,最终实现领跑行业的目标。在市场打拼中,王传福发现:相对跨国公司而言,中国的人力成本相对是最低的。这体现在三个方面:一是国外工程师成本高,国内的工程师成本低;二是即使国外工程师技术专业,但是由于成本问题,人员也不会太多,而国内工程师成本低,可以招聘海量工程师;三是中国拥有大量的优秀工科学生,如果像华为一样,甚至整个班级集体签约,不仅可实现技术人才的"垄断",也具有成本优势。而这种可以利用的"人海"优势,正指向核心目标——低成本。而这些中国特色的特点恰恰都是王传福最看重的竞争战略——低成本的人才竞争。王传福曾经对《中国汽车要闻》杂志说:"比亚迪不但造产品,还很善于造人,能把大学生培养成一个工程师团队。比亚迪一年招募几千名毕业生,是因为明白造车需要先造人,先把专业人才给造出来,然后把设备造出来,再把产品也顺便造出来。我们需要人才不是十个,而是一万个,所以必须具备把这一万名大学毕业生培养成可用之材的能力。"目前，大学生招聘依然是比亚迪的关键性战略，在不断增加的"人海"中，其发展速度也变得更快，其产品推出也更多，而成本依然比合资企业具有更大的竞争优势。王传福一切以人为原点，完成了高性价比的战略目标。并在这样的目标下，四大关键创新由此展开，并形成了资源整合和战略协同。

第一，基于人海的低成本生产模式创新。从根源去看，生产模式决定了效率和成本。我们纵观汽车产业，基本可以看到两种主要模式：一是福特生产模式。在20世纪50年代，"现代管理之父"弗雷德里克·泰勒为福特汽车公司创造了大量流水线生产方式。大量、大批流水生产线按统一节拍进行组织生产，衡量标准有生产批量、节拍、工序在制品储备量。二是丰田生产模式，又称精益生产方式。1971年，日本丰田公司副总裁大野耐一创造了丰田生产方式的"适时化"原则：在必要的时间、按照必要的数量提供必要的东西，并构建了"多品种、小批量、快变换"的特点，由此形成了从制品储备向零开战（无库存）的管理方式。为此，丰田特别采用了系统运作的拉动式生产方式，一旦出现异常，工人即可拉闸中止流水线。由此可见，适时化和自动化是丰田的两大支柱模式。从目前看，福特管理体制的关键问题在于生产、仓储和运输成本的居高不下。而在生产环节的内部，丰田的原则是尽量减少不必要的工作空间和上下游传递时间，并减少等待时间，合理安排机器的维护时间，提高工人之间的协作效率，提高工人的个人技能。但是，即使是丰田模式，对于很多企业来说，依然是一个高门槛。比如生产设备的精细化、管理的精细化等，都不是能够轻易模仿的。而对于比亚迪来说，显然没有这么大的资本去引进这种生产模式。否则，在一开始就会面临着庞大的生产成本，与比亚迪"高性价比"的市场定位产生冲突，也就没有了自己的核心竞争优势。现今，合资汽车企业都是通过大力购进高度自动化的装备进行生产，其结果必然是硬件投资成本过高，造成整车分摊成本过高。为此,买不起自动化生产线的王传福,借助低成本的"人海"推动完成生产,并发明了"设备＋工人－机械手"的生产模式。他把一条生产线分解成很多环节,核心环节用自动化控制,其他环节由人工完成。这样,别人几千万才能拿到的设备,王传福几百万就全部搞定。通过大量的员工操作,形成了令人震撼的"机械手"。众所周知,中国的人力成本相对比较低。因此,通过"人海"战术,可以最大限度地使用中国极为丰富的低成本劳动力和素质较高的工程技术人员。由于生产线的投入非常低,使得折旧成本相应也就非常低。很显然,其生产成本在一开始就大大降低了。其实,节省前期设备投入、工人招聘只是开始,而深层次的维护低成本的策略还在后面。比亚迪为了避免因自动化程度不高而造成的品质不均衡风险,通过依靠员工培训和大量采用不断改进的工装夹具来实现品质的稳定。这样,比亚迪在人力资源、装备投资、品质保障与自动化之间找到了一个合理的动态平衡点,在保障品质的前提下,达到投入与产出效益的最大化。

第二,基于人海的低成本技术应用创新。作为汽车工业,技术是第一生产力,也是成本控制的关键。众所周知,技术研发向来需要企业的庞大支出。而配合王传福的高性价比战略,比亚迪的技术研发也需要做到低成本化。在技术创新方面,我们可以学习日本技术创新模式:首先是以模仿学习为主的"模仿与反刍"式,然后是以自主研发为主的创新模式。在20世纪50年代到80年代之间,日本制造主要以技术模仿为主。通过大量引进西方先进的技术专利,然后改进,最后建立了自己的工业技术体系。这是典型的模仿创新策略。到了20世纪90年代后期,自主创新模式才日渐成为日本制造的主流。其实,王传福也是采取了模仿创新策略,以此实现了低成本、快速化的生产。由于时代不同,其模仿创新的环境和风险也必然不同。为了实现安全、快速的模仿创新,王传福让年轻工程师把世界知名汽车大卸八块,通过大量的"拆车",从中找到消费者认可的,同时又不会面临专利官司的技术。结果表明，通过拆车的实践，这些学生很快就学到了实际经验，并把课本知识应用于实践——实现了"非专利"的集成。此外，也顺利解决了短期内无法"上手"的人力发展弊端。一切都如王传福所愿，第一款车F3，在外观上与丰田花冠几乎一样，甚至内部的部分零部件都可以通用，但价格不到花冠的一半，自然获得了市场喝彩。随后，这种价格差异化的"模仿"策略随处可见。高杀伤力的价格，再加上来自价格与车型的绝配，形成了最具冲击力的市场竞争，让比亚迪始终奔跑在低成本的高速路上。实际上，这种模式不仅可以节省大量的研发费用，还降低了消费者接受风险率，因为很多成功技术往往都是久经消费者考验的成熟技术。

第三，基于人海的低成本配套产业创新。美国战略学家迈克尔·波特指出，每个企业都是进行设计、采购、生产、营销、交换以及对产品起辅助作用的多种活动的集合。实际上，所有这些活动都可以用价值链来表示，而这个价值链的每个环节都会左右企业的成本。20世纪70年代，日本丰田汽车公司开创了著名的"下包制"制造模式。丰田最大限度地运用资源外包，使得企业在生产成本降低的同时，研发效率得到提高，不断推出适应市场需求的汽车产品，一度成为世界第一大汽车制造商。目前，这种外包模式几乎成为汽车制造业的固有模式。从竞争角度看，外包是为了节省成本，提高研发效率。但是，作为中国市场来讲，很多资源和国外是不一样的。首先，很多零部件的产业无法达到集中化，这样物流成本也不会低。其次，生产与研发能否配套也是关键问题，一旦出现脱节、错误，成本就会变得惊人。因此，从成本角度考虑，这种模式不是最佳解决方案。而王传福通过半自动化模式看到，中国的人力成本是一个国外不具有的资源，那么，借此完全可以通过"大而全"的模式节省成本。为此，王传福又逆向传统思维，打破"行规"，开创了低成本配件的产业链。王传福说："我们造汽车和别人不一样，我们什么零部件都造。别人是专业化分工，我们是大而全。这就是比亚迪在战略上的一个创新。"比亚迪汽车至少70%的零部件由公司内部的事业部生产,以比亚迪F3、F6和F0为例,其零部件除了轮胎、挡风玻璃和少数通用件之外,几乎全部自己生产,包括转向、减震、线束、散热器、冷凝器、座椅、刹车、车门、雨刷,甚至CD和DVD等。王传福推崇的这种战略模式有哪些优势呢?首先,物流成本节省了。其次,由于在一个集团,甚至一个工业区,沟通方便。如果需要做修改,或者解决实际问题都是非常容易的。这样,对市场反应速度也加快了。最后,更容易整合。这种创新生产方式最大限度利用了中国廉价生产链条,实现成本优势最大化。

第四,基于人海管理的低成本文化管理创新。实际上,仅仅有战略、战术还不够的,因为所有环节都要依靠人来完成。因此,企业必须配合战略塑造一种与其匹配的文化愿景。在比亚迪,这种文化愿景就是一种创新,更是一种持续升级式的创新。对于企业来讲,创新是一个整体行为,必须由统一的创新文化作导向。在企业内部,不仅要有创新机制,还要有创新理念,建立基于创新的核心价值体系、企业文化和共同愿景,将创新意识贯穿于每一个员工的头脑中,成为大家的共识和承诺,让创新成为统一理念指导下的集体行为。当然,这种创新的目标在初期体现为降低成本。也只有这样,企业才能冲破竞争重围,实现快速发展。企业生存下去了,做大、变强了,创新才有实际意义。随着企业的快速成长,比亚迪的创新就逐渐着眼未来,让创新更具有远景。于是,就有了铁电池的横空出世,以及布局未来市场的新能源车——电动车。总而言之,在创新文化氛围中,比亚迪更关注市场竞争,也就更容易做到"人有我优,人无我有"。最终,"人海"发挥到极致,当聚集了"人海"的智慧,也就让创新落了地。

通过这四项关键创新,我们不难发现这样一个协同逻辑。在"人海"竞争优势下,王传福根据市场竞争现状和自己的优势,制定了低成本的高性价比营销战略。在这个战略下,通过四个方面完成最关键的成本战略。通过设备、人员两个因素,创造了"设备＋工人＝机械手"的模式。此外，作为工业产品，还需要技术做支点，让低成本生产的产品科技含量更高，甚至能做到持续低成本的策略。为此，就有了"非专利"集成策略。此外，无论是"人海"式生产制造还是"人海"式技术研发，都可以实现继续复制，完成整个链条的自主化生产，以此进一步实现低成本的发展路径。最终，落在产品上，就是高性价比的竞争战略。当然，在这些战略与战术中，王传福还创造了企业创新文化和创新机制，让进入这个企业的每一个人都发挥出创新的力量，并汇聚成为创新的文化海洋。其实，王传福的高性价比既是一种创新智慧，更是一种企业竞争战略。因为，在这样的目标下，会源源不断地诞生很多的创新，以此作为发展的支点，更形成了对手难以模仿的竞争战略。

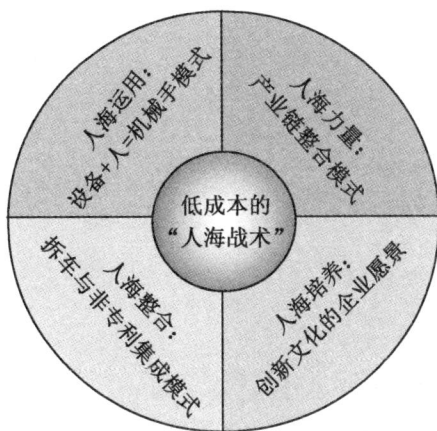

比亚迪"人海"模式

王传福曾经说："你和别人一模一样的打法，你凭什么打赢？"在市场逼迫下，大胆的王传福不走常规路，通过生产模式、人海战术、借鉴技术等创新智慧，创造了本土汽车产业的一个传奇故事。实际上，在这个战略协同体系下，王传福或许还可以创造更多的神奇故事，从电池到汽车，不都是如此吗？

本章启示

掌控创新的"东西南北"

从表面看，王传福是一个"不安分"的人，他几乎从不按常理出牌，而是善于颠覆性创新，从生产模式到技术整合，无一不是向着行业反方向走，似乎是以破坏行业常规为乐趣。也因此，当我们听着王传福把"技术"挂在嘴边的时候，很多人却看不明白，甚至讥讽这是"忽悠"。结果说明一切，王传福创造的成绩斐然，"穿草鞋"的他所向披靡地斗倒了众多"穿皮鞋"的大佬，更打倒了技术上的"纸老虎"。实际上，这不是一个简单的所谓"技术"研究，也不是简单的一个创新点子，而是一个创新体系，从战略、文化、思维、管理等，做到了全面的资源整合和战略协同。最终，王传福让创新成为可攻可守的营销兵法，最终赢得市场的喝彩。实际上，这里面有四个核心点可以供大家参考，就像创新路径上指引企业走向的"东西南北"。

其一是战略创新：企业从生存到长存的升级。

很多企业都处于"能活着"的状态下，生存自然是第一需要。因此，追求生存者往往采取凑合着活的模式——活着就行，从而一味地采取跟随策略。而作为长存的需要，则是从长远视角出发，找到支撑行业谷底和巅峰的核心支点，形成对手难以模仿的核心竞争模式。而王传福恰恰找到了这种核心竞争模式，在围追堵截的汽车市场中，完成了从生存到长存的跨越。首先，通过适应性创新，比如"非专利"集成等，让创新变得简单、快速，这是生存的第一需要。但是，王传福没有采取简单的模仿，而是根据市场需求作了关键取舍，比如F3在外观上与丰田花冠几乎一样，这也是基于消费者对丰田花冠的认知而采取的模仿策略。这样，就可以让产品的生命周期变长。此外，要想做到长存，还需要有核心竞争力做"动力系统"。王传福认为，高性价比始终是消费者的最直接需求。为此，王传福开始了"人海"战术整合，从生产模式、产业链延伸等，尽量保持低成本的制造优势。这样，消费者就能购买到高性价比的产品。围绕这个低成本创新战略，比亚迪实现了市场长存，避免了昙花一现的结局。而我们回过头来看，很多创新都是以适应市场、适应消费者为基础，完成了创新的落地和成功。

其二是管理创新：让每一个员工插上创新的翅膀。

在比亚迪的成功案例中，王传福透露出他的成功秘密——我们过去只懂管工人，不懂怎么把工程师组织起来。王传福的话，恰好点出了这个困局的问题核心——就是我们管工人的管理模式。在很多企业里面，工人就是机器，没有思想只有流程。当王传福转换思维，从聚集优秀、低成本工程师角度去管理，并让"个创新"变成了"众创新"，这个优势资源就被发挥得淋漓尽致。为了将这个模式发挥到极致，王传福创造了一种创新文化氛围。王传福是技术出身，在发展初期，他经常泡在实验室里面，为的就是与工程师一起研发产品，这也正面地推动了企业创新革命。同时，他还让刚出校门的大学生去拆世界名车，以此让新员工完成了从理论到实践的快速过渡，并在实践中找到创新灵感。类似的管理文化在比亚迪还有很多，而这些文化也都是企业实现创新不可或缺的基因。

其三是思维创新：反方向整合的低成本创新智慧。

实际上，创新战略首先就要求企业家必须有逆向思维。换句话说，面对市场领导企业或行业内主流商业模式的笼罩，作为后来者更应该去反向设计商业模式，通过种种颠覆性策略，让商业模式得到与众不同的改变，由此实现创新目标。比如,就在大家都在学习丰田制造模式,并采取外包模式时,王传福却采取了大产业链的模式,让大部分零部件由公司内部的事业部生产。这种模式的创新,实现了王传福推崇的低成本战略。在采取逆向创新时候,要注意三个关键点:一是找到行业领导者或行业主流商业模式的命脉,包括其优势和劣势,并据此制定逆向商业模式。二是要有逆向创新的明确目的,必须为企业的战略目标服务,让企业具备超乎寻常的竞争力。这样的创新才有实际意义。三是企业在选择逆向制定商业模式时,不能简单地追求反向,而是要确保能够为消费者提供更高的价值,否则创新就无法得到市场的认可,创新也必然失去价值。

其四是竞争创新:战略协同构建企业核心竞争力。

实际上,一般行为的创新都很简单,但是如果让创新具有竞争力往往就很难。为此,企业在创新的时候,首先必须考虑差异化原则,以确保创新能够脱颖而出,形成对手无法跟随的屏障;其次必须构建整合体系,也就是创新不再是一个单点,而是一个整合体系,这样不仅可以完成组合聚变,让竞争力更强,还具有了防御系统,能有效地防止跟随。因此,战略协同是创新竞争的关键点,即需要企业在创新体系中把企业各种优势资源整合起来,甚至创造出更多的创新模块,最终整合在一起,形成协同力,形成对手无法打破的竞争防火墙。其实,这也是创新的命脉。

第 **二** 章

二看：看企业之近、看市场之远

创新方向：麻省理工的三句箴言

美国麻省理工学院在企业战略上，曾经提出了三句非常简单，却非常经典的箴言。第一句是"你改变不了环境，但你能适应环境"。这句话虽然简单却给出了处于行业的后来者，甚至还是弱势企业的创新路径，那就是先看清楚现有的市场环境，融入这个大环境中，然后再找基于现有环境的创新路径。这也就是笔者所说的看企业之近。那么，如何适应环境呢？首先就是看清自己，企业本身具有哪些优势，哪些劣势，哪些资源可以利用，可以整合哪些资源，等等。实际上，这就是在找企业的自身资源优势。不管什么企业、参与什么竞争，资源优势都是必不可少的前提条件。其次，找到这些资源后，就需要整合成企业的竞争力，以适应市场环境。

第二句是"你调整不了别人，但你能调整自己"。表面看是说，如果外部环境无法改变，人们就需要改变自己。其深层意思是，在动态的市场竞争环境中，企业不可能具备可以抵抗一切市场竞争的所有资源优势。通常的情况是，优势与劣势并存。因此，企业面对市场竞争，在发挥优势的同时，还要弥补短缺资源,优化资源结构,实现资源的合理配置。这就是改变自己。在市场上,既要不断延伸长板,实现市场领跑;又要根据市场现状弥补致命短板,改变劣势形成优势。那么,改变的标准是什么呢?那就是看竞争对手。企业要跟竞争对手的优势相比,找到自己的劣势,并由此完成自我改变。

第三句话是"你把握不了过去,但你能把握未来"。也就是说,创新战略必须面向未来,知晓未来是为了指导当前。那么,如何看未来?首先就要看消费者,关注消费者消费动向,消费动向决定了企业未来研发走向,这是小趋势。其次就要看世界发展大势以及政策动态。比如,我们常说的国外的今天代表中国的明天,而随着"平世界"的到来,很多趋势已经接近同步,因此是非常具有参照性的。此外,国家政策也必然引导一个产业的未来。比如现在国家对低碳、新能源的政策关注,也必然会给相关产业带来井喷式的发展机会。因此,作为长存企业,必须关注未来,努力做到引领未来,这样才能成为领跑者,并持续领航。而作为市场后来者,特别是缺乏竞争力的企业,只要把握住了未来动向,就有可能在不远的将来脱离跟随、挨打的局面,成为市场领跑者。

实际上,企业自身的资源优势是竞争优势的基础,但资源优势并不等于竞争优势。从资源优势到竞争优势需要一个转换过程。那么,如何将资源优势有效转换成竞争优势呢?如果用简短的语言概括,那就是看自己、看对手、看消费者。通过看自己找到自己的资源优势,通过看对手找到对手的短板,通过看消费者找到自己的研发方向。三者结合,进行整合后,就能找到适合自己的,也适合环境的竞争优势。

我们以比亚迪为例,就像王传福所言,在日本只能走专业化分工道路,因为在日本高成本环境下,只有通过分工才能降低成本;而在中国就不同了,人工成本相对很低,这样就可以做到低成本的垂直整合战略,即大产业链模式。通过庞大的人海战术，王传福把成本、技术都做成了独特的核心竞争力，其源头依然是"三看"：其一，比亚迪通过电池产业的发展，找到了低成本的生产模式；其二，对手采取的都是"外包"模式，外包的短板恰恰可以成为比亚迪的长板；其三，消费者需求高性价比的产品，而王传福的营销模式，恰恰就是为了降低成本。因此，比亚迪的模式能够成功。王传福除了做到"企业之近"的竞争优势外，还做到了"市场之远"，即看政策和趋势。借助政策东风，可以让企业走得更快。比如王传福的电动大巴、电动出租车，都是借助政策完成了快速推动。而借助趋势，可以很好地创造未来市场。比如，王传福在做传统汽车的时候，更多是看中了电动车的发展趋势。正因为看到这个趋势，在全球低碳风潮中，王传福立于潮头。

案例·市场缝隙：企业由近及远的战略跳跃

在 20 世纪 90 年代，日本著名经营学家长岛总一郎通过对几百家企业的企业管理诊断，率先在营销界提出来"市场缝隙"理论。该理论认为：在现代市场中，总会存在着市场的盲点。市场缝隙战略是一种开拓市场的个性战略，谁抓住了这个盲点契机，谁就能实现成功转型、快速跨越。实际上，比亚迪的市场战略就是抓住了市场缝隙，并由此做深、做透、做实。

1993 年，王传福在一份国际电池行业动态中看到：世界电池制造大国日本宣布放弃镍镉电池的生产制造。当时，王传福立即意识到这是个缝隙市场，这个市场变化必将引发镍镉电池生产基地的国际大转移。因此，当时任由中科院在深圳成立的比格电池有限公司总经理的王传福决定抓住这次机会。1995 年，王传福成立了深圳比亚迪公司。此时，王传福只是看到了市场缝隙，要抓住市场还将面临更大的挑战。首先,需要构建花费千万元的生产线。当时,缺少资金和人才的王传福想都不敢想这个天文数字。最终,在现实的逼迫下,他干脆自己动手做关键性的生产设备,硬是把昂贵的生产线肢解成一道道可以人工完成且便宜又实用的工序。这种半自动化半人工化流水线让比亚迪节省了大量的设备投资成本,进而节省了产品成本:比亚迪每只锂电池的生产成本只需 1.3 美元,而最大竞争对手三洋的成本则是 4.9 美元。实际上,从营销角度而言,这也是市场缝隙——市场到处是高成本、高价格电池,而缺乏低成本的高性价比产品。凭借巨大的成本优势,比亚迪先后拿下台湾大霸、日本 NIKKO、飞利浦等厂商的大额订单,随后又与摩托罗拉、诺基亚等手机厂商合作,使得包括三洋在内的日本电池厂商,基本被比亚迪挤出了中国手机市场。目前,比亚迪与老大三洋、老二索尼比肩,成为全球第三大电池供应商。正是凭借低成本战略,王传福终于抓住了这个市场缝隙。

2002 年,比亚迪以 10.95 元的高价在香港主板上市成功,募资资金 16 亿港元。当年的年末,王传福就开始考虑下一个投资领域,最终他选择了热门的汽车产业。王传福认为,汽车业是比亚迪能够抓到的下一块"肥肉"。其实,这不是王传福的头脑发热行为,而是又一个展现在眼前的市场缝隙。面对成长空间有限的电池产业,王传福想要找一个竞争对手少一点的、门槛高一点的、竞争程度相对低一点的行业进入。王传福想来想去,认为只有汽车。在比亚迪进入汽车领域前,国内连续几年井喷的汽车市场出现了第一次大低迷,那次拐点的结果是,汽车市场从此结束了"逢买车必加价"的怪现象。其实,就在很多汽车企业为了多卖出一辆车而拼争得你死我活,"创赢"的策略仅仅是高利润时,独独忘记了在庞大的市场需求下,缺少一种高性价比产品。实际上,这种需求隐藏着更庞大的市场空间。正是看到这些商机,王传福在 2003 年 1 月 23 日作出了外界公认的疯狂举动,狂掷 2.7 亿元收购西安秦川汽车有限责任公司 77% 的股权,高调进入汽车行业。由于此次收购不符合企业核心发展战略，比亚迪因而遭到大面积的"洗仓"行为。在收购这一天，比亚迪的股票下挫了四元多，跌幅超过 21%。面对不专业、无经验的普遍质疑，王传福可谓"逆风而上"。其实，王传福的底气就来自对市场缝隙的独特判断。"面对一块每年增长 60% 以上的肥肉，谁不想吃。"王传福说，"中国的汽车市场非常大，中国有几千万摩托车用户，有 4 亿个自行车用户，5 年 10 年后，这些人也许就是汽车用户。"

在当时，比亚迪已经积累了低成本制造的丰富经验，并且在电池领域已经得到了成功验证。按照王传福的理论，"汽车就是一堆废铁"。实践说明，很多制造模式都是相通的。纵观当时的汽车市场，高利润模式、外包模式以及高价格的流水线模式，都指向了两个关键性的"短板"——成本太高、价格过高，而这些恰恰是王传福可以做到的"长板"优势。再看市场需求，消费者当然会期盼高性价比汽车的出现。无论是看自己，还是竞争对手和消费者，低成本都是竞争对手的短板，而这恰恰是比亚迪的长板。在这种庞大的市场需求下，王传福当然要做汽车了。

基于比亚迪的自身资源，王传福采取了三大竞争策略：一是正面进攻，全力向对手发动进攻。在收购西安秦川汽车有限责任公司后，比亚迪又迅速重组北京吉驰汽车模具有限公司。这样，首先解决了生产制造的基本问题，比亚迪只需要做部分改进，就可以生产比亚迪汽车了。其次，模具公司使其成本更为降低。按照王传福的话说："汽车说白了就是模具，有了模具技术，造汽车就像造玩具一样，对比亚迪来说是非常简单的事情。"此外，为了构建高性价比汽车，王传福依然延续电池行业积累的低成本模式，即半自动生产模式。众所周知，全自动生产模式造成的结果就是成本过高，而王传福采取"设备 + 工人 = 机械手"的创新生产模式，这种创新使成本大幅降低，迅速将劣势变为优势，从而领先市场。二是侧翼进攻。侧翼进攻就是集中优势力量攻击对手的弱点。王传福通过模仿策略，完成了时尚而低价的车型。我们以 F3 为例，从正面看上去是"花冠"，但从后面看又好像是"飞度"。这些都使比亚迪汽车成为时尚又不贵的典范，以此超越竞争对手。三是游击进攻。游击进攻的目的在于以小型的、间断性的进攻干扰对手的士气，占据长久性的立足点。在客户拓展上，王传福采取的就是游击战，先谈定一个客户，并做深做好，随后就进行下一个客户洽谈。通过这三个进攻策略，王传福完成了传统汽车的制造和上市，并赢得了单月销售冠军，以 23500 辆的销量首次超越奇瑞的 17997 辆，从而打破了奇瑞创造的不败历史。2007 年 8 月 9 日，比亚迪的掌门人王传福在深圳对着与会的深圳当地领导和全国媒体宣布了比亚迪汽车产业的战略和惊人目标：到 2015 年，成为"中国第一"的乘用车产销企业；到 2025 年，成为"世界第一"的乘用车产销企业。

在"模仿者、抄袭者、跟进者"的种种指责中，比亚迪迅速成为汽车行业的黑马。此时，大家的视线还仅仅局限在传统汽车行业，而王传福却是"走一步，看三步"。在王传福看来，汽油柴油等不可再生能源在 21 世纪将会走入末路，伴随着能源紧张和世界各国对于环保的日益重视，新的替代能源的开发利用势在必行。因此，传统的燃油汽车迟早会走到"江河日下"的田地，而纯电动车终将取其而代之。所以，王传福看到的不仅是国内缺乏物美价廉的汽车，还有未来的电动汽车市场。用王传福的比喻就是：就像上一次产业革命"电子表对机械表的冲击"一样猛烈。不久的将来，全球汽车将进入一个新的驱动时代，电动汽车将会扮演中流砥柱的角色。实际上，这也是一道基于未来市场的市场缝隙。就目前来说，汽车行业面临的困难主要来自油价上涨、成本上涨。油价不断上涨，对普通消费者的影响很大，消费者对小排量和环保车型的呼声也是日益高涨。再加上现在能源和环境的危机严重，新能源汽车的推出已成为必然，汽车市场的结构和体系也将随之发生改变。但是，新能源汽车，一直没有发展起来，而一直局限于实验阶段。也就是说，谁能最先将新能源汽车实现商业化生产和大面积的市场普及，谁就能抓住这块大蛋糕。也正是看到这些，比亚迪从 2003 年开始，就投入了 500 人开始研发新能源汽车电池，总投入超过了 10 亿元人民币。

2006 年 6 月，王传福宣布纯电动轿车 F3e 研发成功，搭载 ET－POWER 技术的铁动力电池，实现零污染、零排放、零噪音的三无目标，续航里程达 350 公里。对此，王传福豪言壮语："比亚迪 2008 年将把电动汽车商业化，2009 年推出纯电动车。我们比日本整整提前了 20 年，到时候引领世界汽车市场的，不是美国人，也不是德国人，而是中国人！"正如王传福所谋算，如果能让 1/4 的电动自行车用户接受，那就意味着 1000 万的市场规模，而这仅仅是个人消费市场的庞大机会。为此，王传福特意在 F6 下线和坪山基地落成典礼现场写下了"创造奇迹"四个大字。他说："这里将是中国汽车一个崭新的亮点！将是比亚迪整个集团新的象征。"实际上，汽车动力电池难在低成本、高容量和高安全这三大要求上，而比亚迪的"铁电池"在上述三个指标上都取得了实质性突破。据透露，该电池采用的是价格低廉的铁元素材料，成本大幅降低。这个铁电池比普通汽车的铅酸电池要轻 1/4，而铁电池的成本是锂电池的 1/10，因此这款电池性价比较高。电池使用寿命为 30 万公里，每次充电后的续航里程为 350 公里。王传福称之为比亚迪改变世界的"核武器"。

随着首款电动车产品的推出，比亚迪在新能源汽车方面开始了多角度的布局。首先，深圳市有 200 辆比亚迪制造的锂离子纯电动汽车投入出租运营，成为全国第一家电动车示范区。实际上，电动车的推广调整，也再次验证着市场缝隙策略。比亚迪在新能源汽车市场风生水起时候，必然引发众多汽车企业的全面跟进。在市场初期，特别是消费者市场还没有完全破冰的时候，势必造成竞争的白热化。此时王传福发现，被很多汽车厂家忽略的出租车市场却是一片沃土。目前，国内大城市的出租车数量超过百万辆。出租汽车运行时间往往比较长，每天平均要跑三四百公里,相当于私家车的 10 倍以上。由此可见,出租车不仅加剧了交通拥堵,还增大了空气污染。而从油耗角度来看,100 多万辆出租车的油耗相当于千万辆私家车的油耗,而目前国内私人轿车的总量不过 3000 万辆。也就是说,100 万辆出租车相当于全国 1/3 私人轿车的油耗水平。由此可见,一旦撬动出租车市场,其潜力十分巨大,社会公益力也更无法估计。为此,比亚迪特别提出了城市公交电动化解决方案,并调整了此前主要针对私人销售的电动车市场策略,转而主攻城市交通电动化市场。目前,投入深圳公共交通运营的比亚迪 e6 纯电动出租车累计运营已经超过 60 万公里,成为目前商业运营最长的纯电动轿车。

为了把缝隙市场做透,王传福进一步剑走偏锋——开拓公交车市场。相关的数据表明,我国目前拥有 50 万辆公交大巴,市场潜力也是十分巨大。而要打开这个市场不仅面临更高的门槛,而且国内汽车行业关注也不多。在 2009 年 7 月 26 日,比亚迪发布公告,以 6000 万元价格收购佛山市威尚科技产业发展集团有限公司持有的美的客车全部股权。此项收购,使比亚迪获得了制造巴士及客车的必要资质,得以发展以新能源型号的巴士及客车为主的制造及销售新业务。同日,比亚迪还宣布与湖南环保产业园及长沙市经委签订投资协议,未来在产业园投资及设立汽车生产基地。此外,还与西安开发区管委会签订投资协议,在现有厂房外,再建设一座新的厂房,以拓展在西安的汽车制造业务。2010 年 9 月,由比亚迪制造的 K9 纯电动大巴于长沙下线,并与长沙市政府签订了 1000 辆电动大巴购买协议。

为了让电动车不仅具有技术牌,还能亮品牌剑,王传福又谋求了新的中外合资模式。2010 年 3 月 2 日,比亚迪股份有限公司发布公告,宣布与德国戴姆勒公司订立谅解备忘录,双方将合作推出针对中国市场的全新电动车品牌。在谅解备忘录中,双方拟在备选的戴姆勒车型结构上,共同为中国市场开发全新外观的电动车。新电动车使用的品牌将由双方共同注册并拥有,完全区别于戴姆勒和比亚迪的现有品牌。比亚迪和戴姆勒还将成立新的技术合资公司，为中国市场研发电动车，电力传动系统、车用动力电池及电动车零部件。2011 年 4 月 27 日《北京青年报》报道，戴姆勒股份公司董事、梅赛德斯-奔驰汽车集团技术研发负责人韦伯透露，比亚迪-戴姆勒合资公司的首款纯电动车型设计已经定稿，即将进入试产和测试阶段，该车将如约在 2013 年上市。韦伯表示，比亚迪-戴姆勒的第一款车型由双方共同设计，尺寸较现有的奔驰 B 级车大些，即处在紧凑级至中级车之间。该车拥有较大的驾乘和储物空间，包括大容积的行李舱和五座设计等。此外，该车将使用比亚迪研发、生产的铁锂电池。同时，这款全新开发的电动车将使用由比亚迪和戴姆勒共创的新品牌。实际上，一旦合作的新品牌推向市场，其影响力将走向国际，为比亚迪打开国际市场增砖添瓦。

有关媒体报道，面向个人销售的比亚迪电动车 F3DM 低碳版在深圳单月销售已经达到 117 辆。此外，F3DM 对个人销售已经在全国 21 个乡村完成路演。此外，F3DM 可获得国家和地方 7 万元的补贴，市场销售零售价格是 16.98 万元，目前经过补贴之后是 8.98 万元。实际上，这个价格也是相当诱人的，一旦引发销售热潮，就等于王传福已经撬动了家庭私家车市场，实现了从公共交通工具到私家车的市场布局。

本章启示

突破创新的"四面埋伏"

营销如纸，一点即破。但是外面看的往往是热闹。1995 年，当王传福看到镍镉电池的市场缝隙，就立即决定进入电池领域，通过高性价比完成从缝隙战略到缝隙营销；2003年，他又发现国内缺乏更物美价廉的汽车，就闪电入主西安秦川汽车有限责任公司，通过国际时尚和最优价格而兼得高性价比的营销缝隙快速抢占市场。其实，这都是热闹的表象，而体现内部的往往是智慧，那就是实现创新的"四面埋伏"。

一是创新智慧：见缝插针赢取未来。

柳传志在谈企业竞争战略的时候，说过"吃土现象"，就是指某一品牌非常强大的时候，便会卷起满天的尘土，你若一味地跟在它后面走，那就只有吃土的份儿。因此，作为企业必须学会见缝插针，快速找到创新路径，以此从跟随转到领跑。百事可乐比可口可乐晚诞生了12年，在其发展过程中有三次拿着账本"恳求"可口可乐收购，都未果。但后来百事可乐找到了市场缝隙——当可口可乐宣扬自己是正宗可乐的时候，百事可乐说自己是新一代的选择，最终成为饮料另一个霸主。庞大的市场，总有缝隙——市场死角、对手弱点、忽视群体、细分需求、未来趋势、全新品类等，企业可以此由守变攻，由跟到领，实现异路成功。王老吉通过"上火"的全新定位，创造了基于饮料与凉茶之间的新品类；比亚迪就是发现成本魔方，通过高性价比的差异化定位，实现了市场突围。

二是战略智慧："走一步，看三步"的远见。

我们从这个案例中可以发现，王传福创造了一种"远近集合"战略。首先，布局"近"战略，完成了传统汽车产业的快速搭建，获得了很好的利润源。在此技术上，王传福通过产品更新等策略可以不断地发掘利润。其次，构建"远"战略，借助世界低碳趋势和能源短缺问题，推出了自主研发的电动车。其实，王传福在进军传统汽车时候，他就看到并规划了这个未来蓝图。按照王传福的战略构想，电动车将成为企业未来的盈利点和实现领跑的核心武器。就在传统汽车开始盈利时候，王传福就秘密地组织专业技术团队研发电动车电池，主动地创造未来市场。作为长远发展的每一个企业，都应该有这种"远近集合"的战略。其实，这也是近缝隙和远缝隙市场的战略。按照柳传志的说法就是：企业要有长远性的战略，用一句俗话说就是"吃着碗里的看着锅里的，盛着锅里的想着仓库里的"。而比亚迪恰恰就做到了这点，并进行了产品落地。

三是营销智慧：源自消费者，超越竞争者。

为什么比亚迪的模仿能够获得成功？这里面有三个核心因素：首先，比亚迪总能更早、更多地发现客户需求，并积极响应。我们还是以比亚迪F3为例，与花冠的客户群相比，F3的客户群则进一步向下延伸，走向消费金字塔的下端。从消费需求上看，这部分客户群都喜爱类似花冠这样国际品牌的设计、外观等风格，但受制于消费能力，而"望洋兴叹"。而F3的推出，低价而外观时尚恰恰满足了这部分群体的需求。其次，比亚迪围绕一个创新点总能持续下去。在随后的产品中，比亚迪不仅模仿花冠，还模仿过凯越、飞度、雷克萨斯、本田雅阁等知名车，将有需求的模仿进行到底。最后，王传福还根据本土消费者的个性化需求，比如一些消费者喜欢可以坐很多人的大车厢，比亚迪就通过加大车厢空间等设计，进一步贴近消费者。有时候，创新很简单：消费者需要什么，消费者喜欢什么，在这个基础上，就可以完成差异化竞争。就像比亚迪，从产品（本土个性化需求）差异化、市场差异化（高性价比）和形象（国际时尚设计）差异化等方面，实现了既区别于竞争对手又满足消费者需求的创新战略。

四是发展智慧：突破路径依赖的惯性病症。

有一个大家常听到的实验：将五只猴子放在一个笼子里，并在笼子中间吊上一串香蕉，只要有猴子伸手去拿香蕉，就用高压水教训这只猴子，直到没有一只猴子再敢动手为止。然后用一只新猴子替换出笼子里的一只猴子。刚进来，新来的猴子不知这里的"规矩"，会伸手去拿香蕉，结果触怒了原来笼子里的四只猴子,于是它们代替人执行惩罚任务,把新来的猴子暴打一顿,直到它服从这里的"规矩"为止。这是典型的路径依赖症实验。实际上,一旦人们作了某种选择,就好比走上了一条不归之路,惯性的力量会使这种选择不断自我强化,并让人不能轻易走出去。因此,企业家必须突破既有的模式,这样才能实现见缝插针的创新。王传福从做电池进入看似陌生的汽车领域,这就是最大胆的突破路径依赖。但是,王传福把做电池的生产模式借鉴过来,就形成了新的产业竞争力。而在营销思路上,比亚迪也从针对大客户形式的电池销售模式转变到针对个体销售的汽车营销模式。

第三章

三通过：定产品、养人员、做营销

创新实践：做好你自己的一二三

　　企业如何实现创新呢？创新不是空中楼阁式的理论，而是需要实实在在的行动。事实上，很多企业不是不想行动，而是不知道如何行动。那么，在企业实施创新行动前，需要做好哪些准备呢？我们从王传福的创新案例中，可以总结出创新的"三通过"，即定产品、养人员和做营销。

　　首先是定产品。

　　简单说，就是确定产品卖点。在 2002 年以前，红色罐装王老吉的销量一直很稳定，每年维持在 1 亿元左右。这显然无法满足加多宝集团做大、做强的宏大梦想。经过分析，加多宝的管理层发现，要想把企业做大，开拓全国，就必须克服很多实际的问题，而最核心的问题就是——把红色罐装的王老吉当做"凉茶"卖，还是作为"饮料"卖？也就是说，消费者不知道为什么要买它，渠道也不知道怎么去卖它。我们可以看看市场的实际反应，凉茶本来是用于去火的，但加多宝公司经过深入的市场调研却发现，消费者对红色罐装王老吉并没有相关的"治疗"要求，而是作为一个功能饮料购买，消费者购买红色王老吉的真实动机是用于"预防上火"。于是,"怕上火"的产品定位浮出水面。在这个全新定位下,王老吉已经不是作为基于"药品"的凉茶,而是基于生活饮料的"凉茶"。看似简单的定位改变,很快就让王老吉突破了百亿销售规模。正如"现代管理之父"彼得·德鲁克所言:"必须认为顾客的要求是合理的。但是,他们的现实通常不同于制造商的现实。"理解顾客的现实需求,有助于你获得一些重要的,甚至你所忽略的东西,并从中可以发现创新的机会。一旦清楚市场机会在哪里,就需要在这方面上投入大量的创新资源,实现市场跳跃。比亚迪也是如此,在刚进入汽车领域的时候,不是一味地学习"前行者"的模式,去制造和销售高档车,而是关注大众的普遍心理需求:低价、时尚。沿着这个市场需求,高性价比成为比亚迪进入市场的利器,并一举成名。

其次是养人员。

简单说,就是确定培养营销团队。管理大师杰克·韦尔奇说:"除了资源配置以外,战略还有什么呢?"韦尔奇是把战略放在整个企业的资源配置下来系统思考,因此把"找对人"看做是制定战略的一个重要步骤,而不是等战略实施的时候才想起来选人。韦尔奇已经深刻地认识到,任何战略都是死的,而唯有通过公司的员工才能将其激活。因此,"作为战略行动的一部分,我们需要大规模地提升自己的人力资源,空前地关注培训和发展"。这是韦尔奇的胜利箴言。王传福也执有同样的战略思维。他认为,比亚迪最大的财富在于人才,有了人才的聚集,就有了一切。为了构建人才基础,在进入汽车产业之初,比亚迪就在上海成立了一个庞大的研发团队。此外,还大量地招聘应届毕业生,通过各种形式的培训以及实践课"拆车",让这些全新的人才得以快速成长和壮大。正是有了王传福这种加强人才培养和储备的管理战略,比亚迪才有了自主创新的能力,并至今保持着这种创新活力。对此,王传福还有一段精彩的表白:"我有3

万名中国的工程师，这和 3 万名美国的工程师，成本会是一样吗？这个世界就这么不公平。但他们的价值、创造力可以说几乎一样，甚至中国人比美国人还强一点，中国人不像美国人要享受生活，中国人是工作第一。"实际上，王传福就是利用人才成本的差异，完成了比亚迪的低成本战略。在此基础上，王传福更加强了人才管理，创造了独有的"家文化"，让员工像生活在自己家里一样，以此不断聚集人才。

最后是做营销。

简单说，就是如何去销售你的产品。实际上，当企业找到产品创新路径时，还需要强大的营销团队去做市场，同时再辅助营销创新。1987 年，三星创始人李秉喆去世，李健熙接过父亲手中大旗成为新任会长。而此时，三星集团面临诸多困境，由于过去一直关注"数量经营"而无法成功地转变成时尚品牌，因此一直没有走进主流市场行业。于是，在次年的三星成立 50 周年庆典上，李健熙宣布了集团的"二次创业"，并将三星的发展方向定为"做 21 世纪世界超一流企业"。同时，还说出了那句轰动整个世界的话："除了老婆孩子，一切都要变！"其实，市场营销就这样，必须敢于打破常规，勇于改变。在打破常规的思路引领下，三星开始了痛苦的变身：走时尚路线。经过一段的阵痛和变革后，三星终于成为世界 IT 界巨头之一。如果没有营销创新，也就没有今天的三星。当我们回头去看比亚迪时，也是如此。如果当初王传福墨守成规，在电池领域也只能是混一口饭吃而已，绝对不会成为"电池大王"，更不会有"汽车疯子"。世界顶级营销大师菲利普·科特勒曾指出："营销就是发掘、维系并培养具获利性客户关系的科学与艺术。"这位大师为我们揭示了营销的本质，即企业要与客户建立一种关系，一种基于价值导向的伙伴关系。王传福的战略证实了这一点。进入汽车领域的王传福不走寻常路，通过独有的营销模式，为消费者造了一个时尚不贵的汽车梦,并帮助消费者实现了这个美梦。实际上,这个定位就等于在为消费者创造价值,也等于跟消费者建立了一种价值需求导向的紧密纽带。毫无疑问,这种战略性的营销创新,使比亚迪赢得了市场喝彩。正如王传福曾所说:"一定不能墨守成规,要打破常规,敢想、敢干、敢竞争,用持续的创新不断去创造业绩、实现梦想。"实际上,做营销不仅是要做到创新,还要付诸行动,这才是成功的关键。

案例·创新实践:三步落地生根定市场乾坤

柳传志在十余年的企业管理生涯中,创造性地提出了联想"贸工技"的发展道路,以"建班子,定战略,带队伍"为主要内容的"管理三要素",使联想从早期的"大船结构"发展为舰队结构,并逐步成为一个国际化的大型企业。如同柳传志的"管理三要素",王传福成功创新的支点也可以总结为"三要素":定产品、养人员和做营销。

无论企业推出什么产品,都是要销售给消费者的。因此,目标用户群最欢迎的产品才是最合适的产品。在进入汽车领域前,王传福就想得非常清楚,比亚迪的核心用户群就是购买力10万元左右的普通大众,他们一般有家庭,有小孩子。因此,外观漂亮和价格实惠是最先关注的因素。在很多中等收入家庭,买车和买房子一样,都是关乎面子的事情,所以车型要时尚。此外他们生活并不十分宽裕,价格当然也是最大的销售推动力。因此,王传福要求,车的外观要体现出国际潮流,而功能上保证基本需求即可,这样性价比就可以做到极致。随着品牌的提升,比亚迪的车型也在逐渐个性化,其价格也在不断攀升。比如从早期的F系列车到现在的G系列、M系列车,就是体现这样的发展趋势。这也符合市场规律,随着品牌力不断提升，其市场溢价能力也在不断增长。但是，即使在走向中高端定位时，比亚迪也同样遵循着"得性价比者得天下"的营销理念。

为了让产品始终保持高性价比，王传福还采取了两大策略。首先是产品不断升级。实际上，一些国际品牌经常采用"产品升级"策略，他们利用强大的技术开发支撑能力，在竞争对手即将或刚刚开始跟进的时候，就迅速地进行技术换代、产品升级，创造出新的技术概念和市场需求。这种"以进求变"的策略，使消费者对其产品保持"新鲜度"。在这方面，比亚迪则更胜一筹。F3 从 2005 年上市，相继推出 F3 白金版、F3 智能白金版、F3 新白金版。这种升级已经不仅仅是防御竞争，而是传递给消费者一种不断进取的创新精神，同时在价位上依然保持高性价比。其次是注重细节需求。在多种场合，王传福都表达了这样的观点：国外造车拿到中国卖，其车型都是按照外国的人体工程学设计。实际上，国外的一些生活习惯、文化体现，往往不太适合中国人。比如欧美车，后排都很小。因为在欧美，每个家庭都有好几部车，上下班每个人都有车，它的后排只是放一些行李，或者放一些猫狗等宠物，往往就不需要那么大的空间，甚至干脆只有两个门。但中国不一样，中国很多人买的车往往是家庭的第一部车，有时候是全家乐，第二排也要坐人，而且空间要大一点。因此，比亚迪习惯把第二排空间放大一点。于是，车型很有国际气派，车造得大，排气量也很大，而价格却一样。这就是王传福的成功秘诀，在很多人关注比亚迪模仿国外车型的时候，却忘记了比亚迪通过细节的创新——关注中国人的消费习惯和需求特点，从而赢得了市场。

这种突破以往汽车制造的创新，让比亚迪获得了成功。这也说明，王传福的产品定位战略是对的，是符合中国消费者需求的。人是战略的执行者，没有人，一切战略都是空谈。而王传福的高超之处就在于，不仅让庞大的团队为战略落地，还能为战略添彩——王传福毫不忌讳地表示："我有 3 万名中国的工程师，这和 3 万名美国的工程师,成本会是一样吗? 这个世界就这么不公平。但他们的价值,创造力可以说几乎一样,甚至中国人比美国还强一点,中国不像美国人要享受生活,中国人是工作第一。因此,我觉得中国企业家很幸运,上帝照顾了我们,把这么优惠的东西放到我们这边来。但是我们为什么搞不过他们? 因为我们过去只懂管工人,不懂怎么把工程师组织起来。'中国制造'今后的优势还很大,关键是利用好中国的高级人才和低级人才,让其淋漓尽致地发挥。"在比亚迪,人不仅是任务的执行者,还成为低成本的核心因素。这是很多企业家没有做到的。

王传福所谓的万人工程师队伍,大都是毕业不久的年轻人。他不迷信海归专家,也不喜欢请猎头去高薪挖角,他更喜欢用自己培养的大学生:"中国的学生多聪明,他们缺的只是机会。"在 10 多年的发展中,比亚迪的产品事业部从不足 10 个人发展到 20 多个人,这些事业部的总经理中最年轻的只有 31 岁。而庞大的工程师也多来自刚毕业的学生队伍。比亚迪通过对这些优秀、年轻、敢作敢为的工程师的培养,使其发挥强大的能力。

王传福培养人的核心思想就是,敢于压担子,委以重任。王传福这种大胆的培养方式带来的结果就是,现在王传福直接领导的 7 个副总裁中,绝大部分是学校一毕业就进入比亚迪的。比亚迪汽车销售总经理夏治冰是 1998 年北京大学金融专业的毕业生。他还记得,那一年王传福亲自到北大来招聘,当时的比亚迪还不到 2000 人,而且是第一个敢进北大招聘的民营企业。夏治冰和他的很多同学还第一次碰到这样招聘还请人吃饭的企业,饭桌上王传福谈的全是怎么把比亚迪做大,希望同学们能参与到这个事业中来。夏治冰进来后,发现锂电池事业部只有几十人,他的工号是第 72 号,今天光这个事业部就有 2.6 万人。那一年之后,应届毕业生开始以每年翻几番的数量进入比亚迪,到 2006 年,毕业生的招聘数量已达到 4000 人。

我们从很多媒体上，都能看到关于夏治冰的成长故事。他进入比亚迪的第一个任务就是为锂电池事业部寻找20万元的贷款。这对刚刚走出校门，对社会知之不多的夏治冰来说，其难度是可想而知的。而最为关键的是，比亚迪还是一个名不见经传的小民企，这简直是难上加难。于是，他碰了一个又一个钉子，历经了无数次辛酸打击，但他没有停下脚步，还是坚持着去敲开一个又一个门。终于有一天，中国银行某个支行的行长听了夏治冰的详细介绍后，对比亚迪产生了兴趣，并立即批准了200万元的贷款。夏治冰成功的关键是企业能够给他这样的平台和重担，并给予其信任。也就是在这样的平台和氛围下，夏治冰找到了迎接挑战的乐趣。2003年，他被调往比亚迪汽车销售公司，成为当时最年轻的汽车销售公司总经理。随后，夏治冰继续延用王传福的用人策略——用刚毕业的新生组建成营销团队，让他们去冲锋陷阵。正如当年他所走过的路一样，这些新人的第一个任务经常是和一个资产规模达数千万的经销商去谈合作、做生意。也就是在这样的敢拼、敢赢的精神下，比亚迪销售之路快速地打开了。

王传福培养人的另外一个绝技就是给你实践机会，给你犯错机会。目前，在比亚迪位于上海松江的汽车工程院，3000多名汽车工程师90%是2004年以后毕业的学生。如果是在国企，他们首先就要拧一年的螺丝钉、清理一年车间才可能有接触整车的机会。如果是在外企，实习了一年后，可能还只是一个简单的试车员。但在比亚迪，他们一上来接触的就是整车项目，各种核心技术都能接触到。在上海外高桥保税区，比亚迪每年都会花几千万元购买全球最新的车型，让这些学生们来拆，拆完后就写总结、写报告，车子则随之报废。各种新车上市一台，买一台，其中不乏宝马、奔驰、保时捷这样的名车。一些刚到比亚迪的年轻研发人员不敢轻易拆卸新车，特别是名贵车型。王传福看这个现象后，竟然二话不说，用钥匙把进口奔驰划破，然后说："现在你们可以去拆我的车了。"这种精神迅速传递到每一位员工心里,企业中掀起了敢于实践的风潮。

对于成长快速、可做帅才的年轻人,王传福一直认为：激励他们的最有效方式就是不断提供机会,为他们创造新的发展和实践平台。王传福在 2002 年底筹备上市时就向众多事业部许诺,任何一个事业部如果能做到营业额 30 亿元、净利润 5 亿元,就可以从比亚迪股份拆分出去,单独上市,团队成员也将得到更大的股权激励。

实际上,有了创新式培养人才机制还不够,还必须有创新的营销模式,否则,也是英雄无用武之地。面对市场竞争,战略大师迈克尔·波特提出了三种基本战略——成本领先战略、差异化战略、目标集中战略,虽然各有不同的竞争态势和特征,但是归根结底,都是塑造"差异",可以说,"差异化"是竞争战略的核心。事实上,这种"差异化"在很多时候就是创新。回到比亚迪身上,这些营销创新让比亚迪人如虎添翼,形成了市场领跑的胜利局面。

营销创新的方法一是成本领先。在消费者心里,比亚迪就是一个高性价比品牌。但是,作为高性价比品牌,其生存压力是非常大的,那就是如何不断地降低成本。在减低成本策略中,有的企业抓原材料源头调整,比如通过更低成本的替代品,或者降低原材料规格等;有的企业抓生产设备支出,比如提高设备利用率,或者避免采购更高价格的生产设备等;有的抓人员费用支出,比如减薪、裁人等。方法有很多,但是一旦做不好,就容易影响产品的质量,最终则成本是降低了,但牌子也砸了。对此,比亚迪采取了生产工艺的改进方式。比如,"设备＋工人＝机械手"的半自动化模式,非但没有降低产品质量,还节省了更多成本。又如通过技术攻关,比亚迪将开口化成工艺改进成为封口化成工艺,使其省时、省力又省钱。再如,为了保证人工的操作可以像机械手一样精准,王传福专门设计了许多夹具,成本却不过几元钱。类似的工艺小发明举不胜举。这些工艺改进方法再配合半自动化模式，让比亚迪的产品质量得到了保障，而成本却明显降低了。这样，价格就必然降低，最终到消费者那里就成了高性价比的产品了。此时，成本减法变成品牌加法，成为营销创新的基础。

二是差异化。在电池领域，比亚迪通过性价比——比对手低40%，由无名小辈王传福坐上了全球电池生产厂商的第二把交椅。进入汽车行业，他再次使出这把价格撒手锏。通过低价，比亚迪快速杀入市场，并突破重围。第一款车F3，在外观上与丰田花冠几乎一样，内部的部分零部件甚至可以通用，但价格不到花冠的一半。随后，这种价格差异化随处可见，微车F0高仿丰田AYGO，而价格只有4万元左右。F3-R翻版上海通用凯越HRV，但售价只在6万元左右。F6财富版更是被业内称为"凯美瑞的享受，凯越的价格"。对此，很多人都将比亚迪列为价格杀手，其实低价也是一种差异化，而隐藏其背后的则是创新系统。我们再以西南航空公司为例，它是过去十年美国最成功的航空公司之一。它的主要差异化战略就是低价航线。但是，如果你要问西南航空的创始人打造的是不是一条条低价航线？他会说不是。西南航空打造的是一条与众不同的航线，这才是他的成功所在。西南航空的创始人说，西南航空的秘诀是它只有单一的机型，这样就节省了很多维修、维护的成本。此外，他们不提供机上餐、使用可循环的登记牌等，这都节省成本。形成这种差异化的是一套独特的系统，以更低的成本运营。比亚迪也是如此，低价是因为王传福找到了低成本模式，他通过生产制造环节、研发环节、营销环节的多种低成本策略，让产品可以低价。高杀伤力的价格，再加上来自价格与车型的绝配，完成了高性价比的营销组合，形成了最具冲击力的竞争力。实际上，比亚迪带给消费者的就是一种高性价比的消费体验，并形成了与其他对手的明显区隔，这才是关键。

三是目标集中。在营销策略上，王传福也采取了集中化战略。比如，在2005年9月F3上市时候，比亚迪采取集中全部力量在某一个省进行推广，然后逐省逐市进行市场运作。通过巡回、分站上市的操作，比亚迪在目标市场上可以精准地进行市场定位、产品投放、价格策略、产品工艺、广告投放、亲情服务、全员培训。当一个区域达到了预期效果，再进行下一个区域的推广。由于火力集中，比亚迪在各省、市的品牌知名度和美誉度迅速提高。由于营销集中，基础也随着夯实，这样在每个区域的渠道建设都会非常成熟。实际上，也正因为集中化推广，也才有能力、精力将比亚迪的高性价比策略进行彻底、完全体现。

本章启示

把握创新的四个实践维度

娃哈哈集团董事长宗庆后说："要避开竞争不可能，市场肯定有竞争。避免竞争，这不是找死么？"特别是作为后来者，要想生存下去，就必须敢于竞争、善于竞争。而竞争武器的最佳路径就是创新。其实，比亚迪就是在竞争中快速成长的企业，也是依靠创新完成市场破局的创新型企业。无论是电池还是汽车，比亚迪都是"后来者"，但却能通过竞争智慧、创新战略，做到了"后来居上"。实际上，这其中凝聚了很多创新智慧，包括产品、营销和团队等诸多战略维度。

一是产品：品质是产品创新的基石。

在王传福的思维里，高性价比的关键基础是品质。在比亚迪一直流传着这个真实故事：比亚迪在2003年收购秦川汽车后，历时1年多、投入1亿多元研制出了第一辆新车316。随后，立即请来全国的经销商进行观摩，然而得到的多数竟然是负面评价。王传福迅速作出决定——放弃316。直到2005年下半年,比亚迪的新车 F3 才推出来。据悉,从开始策划 F3 到上市,这款车已经历经了第 9 代升级。其间进行了无数次碰撞实验、几十万公里的耐力实验,力争把所有的遗憾都在上市前改掉。也就是在这样的苛刻追求下,才有获得市场喝彩的明星车型。其实,没有品质的保证,再低的价格也不会有市场。即使是初期建立了一点儿市场,企业也不可能实现长久的发展。比亚迪成功了,其实这个成功是必然,而不是偶然。一位国内从事汽车设计的专家这样评价比亚迪:"比亚迪既能把产品模仿得很逼真,又没有惹上知识产权官司,更重要的,它能保证产品没有大的质量失误。而质量问题恰恰是其他模仿者失败的根源。"一句道破天机。

二是营销：造梦是营销创新的路径。

对于苹果的成功,硅谷资深分析家罗布·恩德勒认为:苹果的长项在于,一群天才聚在公司想着如何向消费者"兜售梦想"。每个消费者都有一个属于自己的梦想,随着消费者消费理念的成熟,消费者购买一种产品已经不再停留于仅仅追求产品功能上,消费者更希望这些产品能够满足其某一方面的愿望或者是梦想。分析一下众多成功的产品品牌,我们也不难发现,这些品牌已经超越了消费者简单的使用需求,而是帮助消费者实现了某些梦想,或者引导消费者追寻一些梦想。比如推广口号为"生活,从家开始"的家居公司宜家不仅仅是为消费者提供家居产品,它更是消费者心目中梦想的一种生活方式、一种心情和一个家的概念。再比如,可口可乐已经不是单一的饮料体验,而是实现生活激情的感受,体验快乐的符号。正如一句话所言:可口可乐所到之处,撒向人间都是欢乐。这些都是一种梦想。其实,要使产品在消费者心目中经久不衰,仅仅满足消费者的基本需求是不够的,还必须通过产品创新、服务创新、品牌创新等智慧,使其承载消费者的一个梦想,实现梦想营销。例如,比亚迪就是通过模仿国际品牌设计、采取非专利集成，塑造创新梦想、高性价比梦想。同时，它还借助股神巴菲特来中国入股比亚迪，以及与德国戴姆勒公司合作等，实现了国际品牌的创建梦想，使其知名度迅速漂洋过海。

三是团队：耐心是培养员工的最佳方式。

王传福对媒体曾经讲过这样的话："任正非应该知道我这种感觉。企业家对于技术人员要有耐心，不能我今天投入以后，6个月就要收到利润，这是做不到，技术还要通过一个产品来表现，你要给他一定的时间和耐心，同时对技术人员要理解。因为技术人员有很多缺点，不会拍马屁，经常给你挑毛病，不会受压，你给他高压，他说我在哪儿找不到饭碗，为什么一定要在你这儿做？技术人员跟一般的工人不一样，工人你给他收入高，天天给你干。技术人员要是认同你这个人和理念，钱再少也跟你干。"很多企业都犯这样的问题，新来的技术人员还没熟悉环境，都整天催促着"出活"。从管理者角度看，既然花了钱，就要尽快变现利润。实际上，技术人员往往很在乎环境和心理感受，管理者的"拔苗助长"反而适得其反。

对此，王传福则通过耐心和企业文化来化解这个企业课题。首先，对技术人员给予充足的学习时间和空间，让这些技术人员充分地了解、认可比亚迪文化。在这个"等待"过程中，让这些技术人员接受各种培训、学习，甚至还通过大胆的"拆车"实践锻炼人，从而让技术人员在没有压力下进行技术创新。其次，王传福创造了独特的"家文化"，让技术人员能够在温馨的环境中成长。最终，这种思想也给比亚迪带来了丰硕的结果，从IT行业快速跨越到汽车行业，再到铁电池和电动车，这些技术人员给企业奠定了坚实的发展基础。

四是竞争：从"竞低"到"竞优"的升级。

从竞争谋略而言，竞争手段一般分为两类：一是竞优，二是竞低。实际上，以竞优为主导的竞争策略，比的是谁对消费者的洞察更深、谁的产品品质更优、谁的品牌形象更好、谁的溢价能力更强。总之，企业必须有几个或者一个强于对手的竞争力，这样才能形成竞争优势，找到创新力。以竞低为手段的竞争，比的是谁的促销力度更大、谁更敢于高性价比。在一个产业集中度不高的行业，市场空间和利润空间都很大，竞低的手段确实有较大的回旋空间。但是，由于竞低手段使用越多，就会离底线越近，能够用于竞低的资源也就会随之越来越少。反之，如果使用竞优手段，能够用于竞优的资源就会越来越多。

因此，王传福采取了双向策略，从"竞低"到"竞优"进行升级。首先，从制造产品就开始节省成本，使其成本更有价格优势，从而做到竞低到海平面以下。这样，高性价比的比亚迪汽车就凸显出来。此外，在"竞低"的基础上，王传福还加强了"竞优"，即通过对国际车型的模仿、自主技术的应用，以及借势巴菲特等事件传播，让比亚迪汽车具有了自己的独特优势。现在，新能源的电动车也让比亚迪的形象得了大力升级，即增加了更多的"竞优"筹码。这种双向的竞争模式，也是其成功的关键。

第二部分

创新智慧：炼就"五"艺高强

创新还要误读多少年？

对于创新这个词汇，大家并不陌生。在这个商业世界里，这几乎是一个家喻户晓、童叟皆知的常用词汇。

在国内，许多 CEO 在高谈阔论企业成功经验时，使用频率极高的词汇，往往就是创新。没有创新这个"作料"，话题似乎就会变得陈旧和无味；没有创新这个武器，企业似乎就无法快速成长。事实也确实如此，创新已经成为衡量一个企业生命周期长短的核心因素。在世界 500 强公司中，有超过 60％的公司已经把"创新"融入公司使命之中。此时，创新已经成为企业的"长生不老丹"，让企业的生命周期得以延长。实际上，创新典范也俯首可拾。比如，苹果公司就是一个典型的创新企业，且是成功的创新企业。截至 2011 年 3 月 31 日的财季，微软营收为 164.28 亿美元，净利润为 52.32 亿。而苹果的营收为 246.7 亿，净利润更高达 59.9 亿。目前看，苹果在市值、营收、利润方面已经全面超越微软。苹果也用事实说明，创新确实是企业的成功法宝。

实际上，苹果也曾历经几次沉浮，且都与创新有关。在 20 世纪 90 年代，苹果经历了一轮从衰败到新生的历程。苹果在经历过 1995 年高峰后，其营业额和利润开始持续下滑，在 1997 年更创新低，亏损高达 10.45 亿美元，产销量跌到历史谷低，成为苹果最为黑色年。1998 年，在营业额和销售继续收窄的情况下，苹果反而扭亏为盈，到 1999 年营业额和销售开始复苏，利润窜到了历史新高的 6.01 亿美元。这是什么原因呢？1998 年苹果上市的 iMac 以其独特的创新，成为历史上销售最快的个人电脑，1999 年 iBook 刚上市其订单就超过 14 万台。其实，这段波峰过程就是苹果创新的波峰过程。在竞争激烈的消费电子领域，苹果的每一款产品都因精妙的设计使其显得时尚而炫丽，并迅速风靡全球，为苹果带来了新一轮高利润。近年来，随着 iPhone、iPad 等创新产品引发的全球狂潮，使其股价不断攀升。在 2011 年的 2 月 15 日，苹果市值达到 3309.13 亿美元，比微软的 2287.32 亿美元市值高出 1000 亿美元。

对于类似苹果这样的创新，很多企业看到的也只是表面现象，而没有看到其核心的创新历程与创新智慧。特别是对制造型企业来说，依然存在众多的创新误区，这些误区往往蒙蔽了很多企业家的眼睛，让众多企业裹足不前。下面，不妨列举四个误区，这些误区犹如一道道铁门挡住了创新者的路，让找不到创新钥匙的探索者彷徨不安。

第一道墙：创新模式——彻底颠覆 VS 中间战略

当我们提及突破性创新时，首先就会联想到一些独特的，甚至是颠覆性的发明，类似爱迪生发明电灯泡这样颠覆世界的革命性产品。实际上，很多偏执的创新者似乎就是循着这样的创新路径前行，因此创新之路走得非常的艰辛和痛苦。其实，这样的机会往往是可遇而不可求的，颠覆性产品也不是随时可以创造出来的。对此，加利福利亚大学专门研究创新型组织的安德鲁·哈根顿在其所著的《突破如何发生》一书中提出了"重组性创新"这个概念，这恰恰是很多企业,特别是中小企业值得学习和借鉴的捷径。

按照这个理论,也就是说企业根据既有存在的产品技术,进行局部的改观和创新,使其更能满足消费者的需求,或者更能引领市场的潮流等。按照这个创新路径深入走下去,不仅能节省企业的资金,更利于其快速、准确地拓展市场。比如,苹果开发的 iPod 个人音乐播放器和 iTunes 在线音乐商店等产品,虽然引发了便携式数字音乐行业的狂潮,但苹果公司却不是第一个开发出这类产品的公司,它所做的只是把操作简单的音乐播放器和合理定价的在线音乐进行了最佳组合,这在技术上并没有任何彻底性的革命,却为顾客创造了突破性的体验价值,也由此开拓了庞大的市场空间。我将其称为"中间战略",企业既不用构买研发颠覆性技术,也不用跟随他人后面竞争,而是在革命性创新模式与全面跟随模式之间找到平衡点,通过既有的创新组合,找到领先对手、满足消费需求和引领潮流的创新模式。王传福的制造模式被誉为颠覆性战略,但是这也只是一种中间战略模式,他把最早的制造模式和现在的制造模式作了融合——先进设备和工人夹钳,以此找到了一种最合适企业发展的中间路线战略模式。

第二道墙:创新产品——创新技术 VS 顾客价值

实际上,创新总是让人联想到研发实验室里正在孵化的新技术或新产品。其实,创新有很多种形式,而不一定必须由冰冷的生产机器和枯燥的技术数据产生。目前,星巴克并没有发明咖啡,却创造了革命性的顾客消费体验。就像星巴克国际业务总经理马斯兰所言:星巴克是一次开一店,顾客是一次喝一杯,我们不做粗制滥造的批发生意,我们追求的是"重复购买"和"忠诚度"。因此,我们几乎不打广告或从事传统的营销活动,我们靠的是"顾客经验"及其所衍生的忠诚度。星巴克的成功在于,在消费者需求的重心由产品转向服务,再由服务转向体验的时代,星巴克成功地创立了一种以创造"星巴克体验"为特点的"咖啡宗教"。比如戴尔公司的电脑产品与其他竞争者没什么两样,但通过开拓性的"直线订购模式",戴尔公司与大型跨国公司、政府部门、教育机构、中小型企业以及个人消费者之间建立了直接联系,戴尔公司不仅通过免费直拨电话向他们销售计算机,还为他们提供技术咨询,并做到了次日到的现场服务,这就让它成为全世界最盈利的计算机公司。其实,这两个鲜活的案例都不是技术问题,而是企业基于消费者需求完成了创新战略。

中欧国际工商学院副院长张维炯认为,并非技术上的创新才叫创新。他还通过中式快餐店"真功夫"进行论证。他认为,"真功夫"就是"一个完全颠覆性的创新",因为它把中国的传统食品用连锁方法做出来,让消费者有了全新的体验,而这种业务创新往往比技术创新能带来更大的效益。实际上,创新的含义有很多,它包括渠道创新、模式创新、管理创新、文化创新、服务创新等,而产品和技术创新只是一个方面而已。王传福在汽车制造上采取的非专利技术聚合,其实就是通过借力完成了创新,而不是从零开始。但是,类似创新却直接导致了成本降低,更满足了消费者高性价比的价值需求。实际上,从顾客价值需求上找到产品方向,其利益更大,也更有意义。

第三道墙:创新过程——拍拍脑袋 VS 团队智慧

有一项调查显示:大多数公司只能将不到 1/5 的创新转化为商业价值。这其中的关键原因是什么呢?其实,很多企业在实施创新的时候,往往一味地从自己角度出发,而没有考虑消费者的需求和感受。实际上,创新既不能超越消费者的认知领域,也不能低于消费者的承受范畴,这看似是一个矛盾结合体。能做到这点确实不容易,这不是一个企业管理者拍拍脑袋就能完成的战略定位,而是看企业管理者是否能够创造一个企业的创新环境,通过创新文化氛围,让整个团队一起帮你找到最佳的创新路径。首先,领导者有没有办法让员工不断产生新想法,并且愿意讲给领导者听。其次,领导者听了这些新想法后,特别是有些新想法与领导者的个人想法不一致的时候,他会怎么样处理,这是关键所在。

这样的案例有很多。为了能够直接倾听客户的声音,戴尔公司就创造了一种形式,那就是每周在全公司范围内举办"关心客户会"。戴尔说:"我们每周五开这种会。无论你在世界的哪个地方,只要你在星期五走进戴尔的某个公司,你都会看到这种会议。会议的名称可能不尽一致,但目的都是一样的。"在"关心客户会"上,市场营销、生产和人力资源等部门的员工坐在一起,讨论"我们的表现是否使客户满意"。实际上,创新距离消费者越近,成功几率就必然越高。事实上,只有满足消费需求的创新才更有意义,丰田公司制造了性能优良的汽车,但使它成功的真正秘诀是丰田生产方式——整套生产和以顾客为中心的设计准则,这种方式已在丰田公司实践了几十年,使其成为售量、销售额、知名度方面均是世界一流的公司。其实,这也是一种文化体系,通过这个文化体系让整个团队关心消费者、勇于创新,从而让每一项创新距离消费者最近,以此完成了汽车制造的革命。王传福的每一种创新,也都是一个文化体系的力量,来自团队的智慧凝聚、企业文化的熏陶、消费者的真实需求等,而不是几个决策者拍拍脑袋那么简单。

第四道墙:创新者——先天智慧 VS 凤凰涅槃

在现实中,很多人都把创新看成先天禀赋,只有先天智慧的人才能做到创新。其实不然!在现实中,很多创新都是被形势所迫,也就是属于被迫创新而已,这就看企业管理者是否敢于破茧而出。事实上,一种被看做创新典范和盈利模式的支付宝诞生就是如此。就像马云所说:"我从来不谈'模式的创新',因为我无法在我旗下每个公司创业第一天就规划给它成型的样式。我觉得我们的模式是'需求'出来的,根据客户需要来调整自己,甚至他要什么,我们就调整成怎样。很多人说我很聪明,计划得很好,但我不是计划好的,只是看好方向,然后走下来。"

我们回到当年淘宝。在当时,从表面看淘宝做得似乎红火火火,但是却没办法实现产品的在线支付交易,这样就等于网购只能停留在概念上,根本无法解决便捷购物的核心问题——快速、安全的网络支付。那时候,网络购物的市场潜力还没被大家发现,各大银行自然也就不愿意涉足这个陌生领域,去冒这个风险了。于是,马云就产生了创造支付宝这个创新模式,也就是构建一种类似"中介担保"的模式。据说,当马云和很多人谈到这种想法时,大家都善意地提醒说:"太愚蠢了,这个东西几百年以前就有。早就淘汰了,你干吗还要做?"但为了解决淘宝交易问题,马云还是毅然推出了支付宝。"只不过是为了解决很现实的问题,至于它在技术上有没有创新,那不是我们关心的话题。"马云曾经如此解释当年的举措。直到今天为止,支付宝的用户已经突破5.6亿个,足以成为一个单独的商业模式。近年来,马云又开始布局物流仓储,这也是基于现有的配送已经影响到淘宝的快速发展。

王传福也是如此,在创业之初,面临的最大问题就是资金,在缺少资金和人才的背景下,王传福被逼无奈中,选择了"机械手+工人"的半自动化模式。这样,就解决了设备上的庞大投入。所以,面对那么多的创新型企业,绝不是因为他们很聪明,而是他们看到了未来,并真正地根据市场需求作了创新实践。更重要的是,他们敢于直面现实压力,通过种种创新渡过难关。实际上,在比亚迪欲进入汽车领域的时候,也是遭到了除了王传福以外所有人的强烈反对,几乎同当年马云遭遇的情况一样。但是,王传福看到了做电池行业已经到了天花板的发展瓶颈,依然跨行业去拓展新利润源。结果,通过创新解决实际问题,也就获得了成功。实际上,作为创新的诞生,首先是发现市场问题,并敢于挑战问题,最终通过创新解决市场难题。

类似的误读还有很多,这里仅仅列举出四道"墙"。而在现实中,这种"墙"还有很多。我只是想阐述一个道理:"凡墙皆门",看到了"墙"也就等于找到了可以突破的"门"。只要你敢于应对现实问题,耐心寻找突破路径,勇于尝试多种创新,其"墙"也会变成"门"。那么,通过王传福的创新故事,我们可以得到哪些启迪呢? 我认为,创新主要包括发展创新、管理创新、成本创新、营销创新、战略创新五个方面。在此,这五个方面也是给大家提供一种智慧参考,让我们与创新走得更近一些。

第四章

发展创新：多元变"补元"的袋鼠模式

找到多元化创新的"有效半径"

大量实证研究结果显示，多元化战略的成功率一般不高于30%。因此，对于很多企业家来说，这是一个让人纠结的战略难题。企业一定要发展和壮大，否则就容易被竞争对手超越。要想做大，多元化发展往往是最佳路径。但此时企业面临的实际问题就是：一旦陷入多元化泥潭，企业的腾挪之力就会越来越弱，甚至还会面临崩盘的风险。

实际上，多元化不一定是"陷阱"，做好了也是"馅饼"。在"陷阱"与"馅饼"之间完全可以找到更稳妥的多元化方式，以此降低多元化的战略风险。事实证明，多元化的成败与其多元化形式密切相关。这必然就说到多元化模式，根据现有业务与新业务之间的关联程度，可以把多元化战略分为相关多元化和非相关多元化两种形式。

一是相关多元化。虽然企业新发展的业务具有新特征，但与企业的现有业务具有战略上的适应性，它们在技术、工艺、销售渠道、市场营销、产品等方面具有共同的或是相近的特点。由此可见，利用现有的资源，开展多元化经营，可以规避风险，实现资源共享，产生 1＋1＞2 的效果，这也是现代企业多元化发展的必由之路。根据现有业务与新业务之间"关联内容"的不同，相关多元化又可以分为同心多元化和水平多元化两种类型：同心多元化，即企业利用原有的技术、特长、经验等发展新产品，增加产品种类，从同一圆心向外扩大业务经营范围。也就是说，借鉴既有的技术、经验开拓新种类产品。比如比亚迪从 IT 产业到传统汽车产业，其实就是借鉴了原有的制造经验（"设备＋工人"的半自动化模式）。水平多元化，即企业在现有市场基础上，采用不同的技术来发展新产品，增加产品种类。也就是说，利用现有市场（消费群）增加新产品，但往往还是在一个大品类中。比如，卖面包的，增加了蛋糕、饼类等。再如，比亚迪从传统汽车再到新能源汽车，也是水平多元化。

二是非相关多元化，即企业通过收购、兼并其他行业的业务，或者在其他行业投资，把业务领域拓展到其他行业中去，新产品、新业务与企业的现有业务、技术、市场毫无关系。也就是说，企业既不以原有技术也不以现有市场为依托，向技术和市场完全不同的产品或劳务项目发展。比如，服装企业进军金融，食品企业进入地产等，这些都是非相关多元化。

毫无疑问，由于非相关多元化涉及细节更多，必然会出现战略难以协调、资源难以整合的难题，结果就容易导致成本攀升、资源浪费，甚至会拖垮公司。1981 年，通用陷入多元化发展的低谷，临危受命的韦尔奇上台就提出了公司指导战略思想：未来商战的赢家，一定是那些能够进入真正有前途的行业，且在人事精简、成本控制、产品与服务质量、全球化经营等各方面都能做到"数一数二"的企业。在这样的战略目标下，基于对未来经济形势、竞争实力和全球化思维的思考判断，韦尔奇提出了"三环"战略：即保留和增强核心圈、高科技圈和服务圈内的企业竞争力。对于三个圈外的企业，则要进行"调整、关闭和出售"。

最终，通用出售了 150 多家企业。通过集中化的战略调整，通用很快就走出了成长沼泽地。事实证明，相关多元化将是企业多元化的成功捷径。多元化不可怕，可怕的是企业盲目多元。我们从韦尔奇对通用公司的业务结构变革中不难看出，韦尔奇时代的通用公司也是多元化公司，但是与之前所不同的是，它做到了资源和战略的整合，让公司业务聚焦于未来产业和利润增长点上面，而且把"数一数二"作为多元化的战略目标。在这样的战略思维下，多元化的竞争力量变得更强大。方正集团董事长魏新就非常欣赏通用的后期扩张模式，让他赞叹的是：通用在每一次进入新领域的时候，其资源整合能力都能够控制得非常好。他认为："企业经营不能像狗熊掰玉米棒子，掰了这个就把那个扔了。"其实，"狗熊掰玉米棒子"现象比比皆是：不论任何行业，只要感觉赚钱"拍脑门"，就不断地扩大产业和行业，从未考虑或者做到资源的多元化整合和核心能力的经验传承，必然会遇到多元猝死的风险，这才是多元化失败的病源。

有很多研究专家提出，在多元化战略上，关键是企业要做到"三核心"的整合，核心技术、核心能力、核心竞争力。因此，我们不能仅仅以是否具有相关性作为判定多元化是否合适的唯一标准，而是应该进一步研究企业的核心技术、核心能力、核心竞争力在多元化中的地位和作用。事实上，核心技术、核心能力、核心竞争力是多元经营不可缺少的基础和平台，比如夏普公司就是依靠领先的光电技术开发出液晶显示器，使之应用于几种电子产品，最终形成了核心能力和核心竞争力，让多元化变得更为轻松。而比亚迪也是通过电池的核心技术，完成从 IT 产业向汽车产业的转移，甚至还可以向电力存储等产业进行多元化发展。实际上，只要有核心技术，就有极大可能使多元化资源实现最大化整合。

如果说韦尔奇采取的策略是整合战略，那么王传福采取的就是补元战略。

从经验传承角度看，从IT产业到汽车领域，实现了制造模式、低成本制造等经验传承，让看似不相关的产业有了相关性。由IT旧业务跨越到未来的新能源领域，比亚迪开始了多元化发展，但我们从核心技术的角度看，比亚迪却始终没有离开电池技术研发，这使其技术的核心力一直处于市场的主导地位。更重要的是，由此让比亚迪形成了独特的、多元化的补元模式。美国著名管理学大师托马斯·彼得斯和罗伯特·沃特曼在其畅销管理著作《追求卓越》中，曾这样谈道："凡是向多种领域扩展同时又紧靠老本行的企业，绩效总是最好；其次是向相关领域扩展的企业；最差的是那些经营许多非相关业务的公司。"而王传福的多元化战略也通过实践验证了这个观点。

也有人把企业多元化业务范围称作企业发展的有效半径，只有那些处于有效半径内的业务，即采取相关行业扩张，才可能与主业形成协同效应，从而实现范围经济的发展优势。这个业务半径由生产、技术和市场三方面的相似度和相关性所决定。从这个角度看，王传福恰恰做到了非相关性的"相关"，即多元化的补元。就像香港风险投资公司汇亚集团董事兼常务副总裁王干芝所言："王传福是我见到少有的非常专注的人，他大学学的是电池，研究生学电池，工作做的还是电池。"在比亚迪，这种战略也叫做袋鼠模式，隐藏在这个战略模式里面的就是这个道理。

案例·袋鼠战略：从IT到汽车的完美"复制"

很多资料都在表明，几乎所有优秀的中国公司都或多或少地进行着多元化的努力。实际上，很多优秀公司的危机与衰亡也都与多元化扩张战略有关。这种现象的出现并不奇怪，公司的未来发展无非是做大做强，而做大、做强的出路只有两种：要么是专业化，要么是多元化。而专业化到一定程度，就会遭遇发展的天花板。因此，多元化成为唯一的选择。

王传福就采取了两种多元化方向。首先是横向走。在创业之初，比亚迪主要从事二次充电电池的研究、开发、制造和销售，首先是锂离子，然后逐渐延伸到镍镉、镍氢等充电电池。这是典型的横向多元化模式，即沿着原有的产品线不断扩大产品系列。此时，虽然产品丰富多彩，但都是围绕同一个大品类。其次是纵向走，即围绕某一点纵向延伸。比如从手机电池到汽车电池，通过技术的延伸，实现多元化的发展。再如，通过技术模式的延伸，把电池的低成本制造模式延伸到汽车产业，从而获得低成本运营战略。无论是哪一个延伸方向，王传福都做到了极致，以确保多元化的成功。

其实，这只是从外因、表象方面去看多元化模式。最终能否成功，还要看更深层次的问题，即企业能否做到战略协同。只有做到战略协调，才能快速整合企业资源，缩短多元化路程，实现盈利。这就是比亚迪常说的袋鼠模式的奥秘。其实，这只是一个形象的比喻而已。

多元化之前，企业必须做好准备。也就是说，一个企业要想获得多元化的成功，必须能够洞察市场趋势，掌握消费需求。为此，比亚迪形成了左眼看消费需求、右眼看行业趋势的战略力。两项的配合，让王传福的企业战术总能拨动消费者的心弦。

在市场竞争中，企业如何选定有利润，还能消化掉的新行业呢？如果按照王传福的扩张思维，他一般会考虑四点：第一是这个行业的成长性如何，第二是市场容量有多大，第三是对手情况如何，第四是社会贡献度如何。如果从这四个方面去考量，做IT的比亚迪有充足的理由进入中国汽车业。我们再回顾一下当时的市场背景。2001年，我国汽车市场达到此前8年来的最好态势，汽车需求向有利于汽车市场健康发展的方向转化,产业结构和产品结构进一步优化,进口车数量和市场占有率开始急剧增加。进入 2002 年,中国的汽车需求量达到了 270 万辆左右。而在 2002 年,韩国生产汽车为 314.8 万辆,不敌中国市场的 325.1 万辆,排世界第 6 位,而中国的汽车生产则由 2001 年的第 8 位上升至第 5 位。据统计,德国每 1000 人中有 540 人拥有自己的轿车,而中国却只有 13 人。这些数据都在说明:中国市场存在庞大的空间,其容量和成长性非常明显。因此,国际汽车制造业的巨头们纷纷将目光瞄向中国。而从零售终端看,在当时很多企业都在竞争 10 万元以上的档次,而低价优质的车型则非常少,无法满足大众消费者的需求。当时中国消费者的实际情况是,购买汽车更多是出于一种心理地位的满足:外观更时尚,具有国际流行色;空间更宽敞,能容纳全家出游……这些细节问题也是很多汽车企业所忽略的,因为当时的市场太好了,似乎没必要考虑这些"琐碎需求"。正是由于其他汽车的"忽略",才成就了比亚迪进入汽车行业的契机。而从长远发展看,随着地球环境的不断恶化,低碳、环保不仅是发展趋势,更是企业的社会责任。为此,新能源车必将是一个蕴含市场空间的未来产品。按照上述四条去考虑,比亚迪不做汽车就等于浪费了一个绝佳的商业机会。无论是从行业趋势还是消费需求,都为比亚迪预留了发展空间。所以,才有了王传福义无反顾造汽车的疯狂之举。

其实,在进入汽车领域前,比亚迪已经踏实地打造好了自己的"长腿",就像袋鼠两条强健有力的后腿。其中,左腿是制造模式。在进入电池行业之初,王传福发现:日本企业用的都是全自动化生产线、全干燥环境生产。也就是说,日系企业采取的是全自动生产线模式。仅仅一条日产 10 万只锂电池的生产线就需要 1 亿美元。庞大资金已经成为进入者的高门槛,自然也就阻拦住了缺金少人的王传福。为此,比亚迪通过不断的摸索,开发出半干燥环境生产的工艺,王传福把日本整条生产线模式分解成辅助、制片、卷绕、激光焊、注液、检测分容和包装 7 个车间,每个车间又分解成若干个简单、易操作的工序,使用大量的人工代替昂贵的机器。一条日产 10 万只锂电池的生产线,比亚迪使用 2000 个工人,但是他们设备的投资只有 5000 万元人民币。最终,分摊到每只电池上的设备折旧费(设备折旧时间为 5 年)和人工费用就大不一样,比亚迪每只电池这两部分的费用总共只有一元左右,日本人则达到五六元,而每只电池的原材料成本两家基本相同,比亚迪的成本优势一目了然。不仅如此,这种半自动化半人工的生产线让比亚迪具备了灵活性。当客户提出更换产品,或增加订货量的时候,比亚迪可以自行调整生产线,无需依赖外援。实际上,汽车制造与当年的电池制造存在着相似之处。比如,汽车制造依然奉行着高度自动化模式,通过高精细流水线完成制造过程。于是,电池这种半自动化的制造模式自然延伸到了汽车领域。这样,与全自动化精细化的汽车制造模式相比,成本优势非常大,首先就减少了设备的高投入,成本直接降低。

右腿是团队模式。在战略既定下,执行力决定了企业的成败。因此,半自动化的制造模式,必然需要匹配团队。在做电池的时候,王传福开创性地进行了人海战术,通过人员低成本模式,完成了高性价比的制造目标。"在中国如果不懂利用劳动力,盲目追求自动化、机械化是没有意义的。"王传福曾如此放言。在制造汽车方面,比亚迪大量招聘刚出校门的大学生,薪资要求相对较低,以此也可以将成本降低。此外,大学生由于还处于"白纸"阶段,更容易接受企业文化,也更愿意与企业共成长。王传福曾说,"作为一个中国的企业家,我觉得很幸运。"因为中国有两大资源:一是 13 亿人的广大市场;二是人力资源优势。一方面,成本优势自不必说,比亚迪的"1 万工程师团队,顶美国 2 万工程师";另一方面,比亚迪公司已经形成了"工作第一"的企业文化。而这种文化则源自王传福通过独有的"家文化",让这些员工更愿意在比亚迪成长和发展。其实,稳定的团队,也是一种降低成本的方式。这种模式在做电池的时候,就已经被王传福实践和总结过了,只不过是一种延伸和改良而已。通过聚集人海，使其由大成本变为小成本，最终成为比亚迪的核心竞争力。

有了后腿的支撑，还需要两条前腿进行跨越。其中，左腿是技术模式。首先，其 IT 行业的相关技术可以局部移植到汽车产业。比亚迪从创立之初就高度重视自主创新和知识产权的保护。为了有效保护自主开发的新产品的知识产权，比亚迪从 2000 年就启动了以知识产权为先导的科技创新工程，成立知识产权及法律部，以产品及关键技术为核心，实施专利战略。截至 2010 年，比亚迪专利申请量达 8660 件。近几年，比亚迪每年申请的专利数都在 100 项以上。也就是说，很多技术是相通的。比如借助电池技术的积累，比亚迪创造出了电动车的"铁电池"。其次，加强非专利技术的集成。为了进一步降低研发成本，王传福还给新到比亚迪的大学生布置了一堂实践课，即大量拆卸世界名车，通过拆车尽快熟悉技术，也能从中找到可以借鉴的产品技术和设计元素。特别是通过把各种非专利技术集合起来，让王传福节省了价格不菲的研发费用。右腿是渠道布局模式。比亚迪通过强有力的人海战术，使其渠道遍布大江南北。除了一、二线市场，甚至在三、四线市场也完成了探索性的布局，深潜、深挖成为渠道特色。

更为重要的是：比亚迪吸取了袋鼠的特点，摒弃了很多狼性法则，以此完成扩张战略。例如，第一，狼隐含躁性，而袋鼠则更稳健，通过踏实地打造自己的长腿，跳得高而远。在汽车产业方面，比亚迪汇集了数千名优秀工程师，60% 的生产设备实现了自主研发。第二，相比较狼的凶猛，袋鼠则通过育袋，稳妥地培养小袋鼠（新的产业或者产品），从资金到优势技术、资源等都实现了新领域的传承。第三，狼更强调对竞争对手的进攻，而袋鼠更习惯向生活目标奔跑。在既定的跑道上，通过自己确定生存方向，快速拉开与竞争对手的距离。比如，比亚迪更关注消费者需求，从消费者需求出发奠定了高性价比的产品定位。

随着汽车这个"袋鼠"的长大,比亚迪汽车又培育了两个新袋鼠:在产品技术方面,实现了传统汽车和电动车的两个发展点。传统汽车做现有的市场,电动车则着眼未来市场。通过"模仿＋创新"的技术模式,完成了对汽车技术的掌控。更重要的是,铁电池技术的成功研发,使其新能源车如虎添翼。而在市场营销方面,则通过国内外两个战场的营销战,特别是借助巴菲特入股比亚迪,以此拉动了比亚迪品牌的快速提升,使其新能源车走出国门。目前,比亚迪已经形成了"传统车为主,电动车为辅"的战略局面。

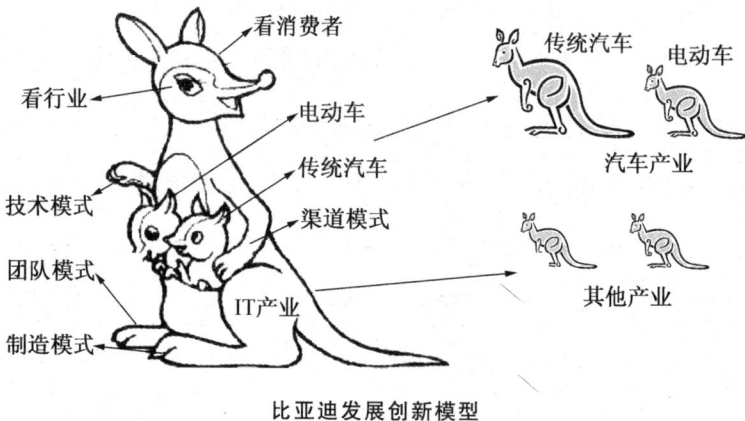

比亚迪发展创新模型

美国著名的企业战略家小阿瑟·A·托马逊在其代表作《战略管理》中提出,多元化的成功可以从两个方面来衡量:一是新产业是否与原有产业形成相互匹配的竞争优势;二是新产业是否带来更多的财务利润。就在我们为比亚迪汽车而惊叹时,比亚迪又进入 LED 照明产业。实际上,在 IT、汽车方面积累的技术又可以转化到照明领域。当然,我们还要注意的是,无论是电池还是汽车,或者比亚迪要进入的其他领域,王传福都做到了巩固以往,开拓未来,而不是"狗熊掰玉米棒子"。此外,王传福已经有效地把前面总结的经验、技术、模式等延续到新产业,以此规避多元化风险,让多元化变成补元,无论是技术补元,还是制造模式的补元,甚至战略补元。当然,这也得益于王传福找到了其他企业难以模仿的发展创新模式,以此既可破局又可守城。

本章启示

破译成功多元化的四个密码

王传福曾经表示:"别人做多元化,90％以失败而告终,为什么比亚迪干一个成一个? 因为我们过度地重视技术,反而觉得技术是很容易的事。"实际上,比亚迪的技术范畴已经突破了狭义的产品技术,包括了制造、工艺、产品、战略等诸多方面。在这些广义的产品技术模式下,比亚迪找到了多元化发展的核心力。实际上,隐藏其中的就是四个密码。

一是既有经验必须有传承。

从比亚迪的成功扩张模式案例中可以看到:企业在扩张前一定要做到新旧业务的传承,这样就可以降低风险,增加多元化的成功率。如果没有传承就等于从零开始,风险是巨大的、难以管控的。王传福以技术完成产品创新、生产模式创新,硬是把一个看似简单的成本模式做到了极致,通过"人工＋夹具"的半自动化模式、人海模式、非专利集成等策略,实现了产品的最低成本制造模式。而这种模式从 IT 延续到汽车,并得到了很好的传承和完善。此外,企业必须抓住客户核心需求,而这个需求一定要针对对手所不具备的地方,或者是软肋。比如王传福在制造汽车时候,就是通过在 IT 领域构建的制造、技术、创新等经验延续,把高性价比定位做到了极致。而这个定位从做电池开始就是如此,也就很容易进行经验复制,而这种定位当时也恰好是市场缝隙。因此,王传福进入汽车领域依然获得了市场成功。

二是企业领导者决定未来。

娃哈哈是多元化的企业,其能够实现多元化的成功更多的是依赖宗庆后的战略能力。而在宗庆后这种关注市场的文化策略下,娃哈哈也形成了从上至下的的市场实践文化。实际上,在中国企业里面,最缺乏的就是这种从上至下的专业文化,特别是像比亚迪这样真正地把"技术为王,创新为本"贯彻到底的企业文化。事实上,这种文化必然来自企业领导者的文化。据了解,王传福不仅是技术狂热者,更是学习疯狂者。作为企业掌门人,王传福坐飞机在起飞后就埋头看书,不管走到哪里都会带着汽车方面的书籍。他最喜欢泡在实验室里,甚至还会和其他工程师们一起,满手油污地把一辆又一辆的车给拆得七零八碎。在比亚迪,大家都知道王传福对技术的狂热,而这种狂热也带动了比亚迪人对技术的执著追求。2006年年底,比亚迪成立了E6纯电动车项目组,王传福亲自担任项目总负责人,力图整合其两大核心——电池和汽车。在这种老板文化的引领下,比亚迪自然形成了自上而下的技术创新文化——关注技术、研究技术、应用技术。事实上,在企业多元化的发展道路上,最缺乏的就是像王传福这样的领导者,王传福懂技术、擅管理、会创新,甚至能准确地洞察和把握未来,这样的领导者恰是比亚迪能够多元化发展的一个核心要素。

三是善于发掘隐形的利润空间。

衡量一个企业多元化的发展成功与否,不仅要看企业能否创造更多物质财富,还要看能否为品牌添砖加瓦。很多企业在发展多元化的时候,仅仅看到了显性利润——销售利润,而忽略了隐形利润——品牌美誉度、公众形象等。有相关专家研究后指出,可口可乐每年除了获得巨额利润,同时还获得更多的美誉度,更多的品牌追随者。也就是说,可口可乐既有显性利润,更有隐性利润,好感、品牌、粉丝……而这些元素一旦形成合力,必将推动整个可口可乐的销售和品牌。从目前看,王传福制造新能源的电动车就具有这种承上启下的双面作用,通过新能源的战略品牌提升了传统汽车的品牌力、竞争力,以此也赢得了更多的消费者关注、好感和信赖。这种隐性利润也可以不断延伸到比亚迪的企业业务模块,形成大众化的品牌美誉度。在七八年前,几乎很少有人知道比亚迪,但是从比亚迪制造汽车以来,品牌知名度越来越大,其隐形利润作用也不断彰显出来。因此,我们在做多元化时,必然需要考虑到这种隐性,以此可以放大品牌,直至提升销售。

四是模仿的最终目的必然是创新。

一个企业不可能什么都精通,在多元化初期,往往会采取模仿策略,这并没有关系。但是模仿之后就是创新。企业家必须明白,模仿的目的是创新,是要形成自己独特的创新力和竞争力,而且要快。在这方面,比亚迪就已经炼就到了炉火纯青的境地,比亚迪有着自己的复制策略,不附着表面,而研究其理,并化为己用。比如王传福通过专业团队关注、聚焦非专利技术的应用,而这种应用不仅仅是节省成本,更是为了打造核心竞争优势——借助众多非专利的集成,突破了简单模仿的竞争模式,形成了独特的创新模式。此外,这种创新也不是最终目的,而是一种过渡,最终是为了完成核心技术铁电池的研发,从而布局、引导未来的电动车市场。此时,王传福已经完成了从模仿到创新的跨越,更形成了自己的核心竞争优势。

第五章

管理创新:"家文化"成就企业软实力

文化是企业创新的源泉

"软实力"是哈佛大学肯尼迪政府学院的前院长约瑟夫·奈(Joseph Nye)教授在 1990 年提出的。约瑟夫·奈认为,美国在此前的几十年中利用文化和价值观方面的软实力,成功地形成了强大的国际影响力,但后来越来越多地使用"硬实力"(尤其是军事力量和经济手段),影响力反倒日趋式微。韩国观光文化部部长南宫镇甚至还说:"19 世纪是军事征服世界,20 世纪是经济征服世界,21 世纪则是文化征服世界。"其实,企业也是如此。风靡百年的可口可乐,流淌的不只是褐红色液体,更代表着颠覆传统、个性张扬的深厚文化;肯德基、星巴克所销售的不仅是简单的汉堡包和咖啡,更是在经营一种时尚、潮流和生活方式……从竞争角度而言,这种竞争力才是更能够接受市场风浪考验的企业生命力。因此,软实力的构建和运用让每一位企业家痴迷和追求。

近年来,软实力不仅成为很多企业家的口头禅,在市场上也不断地得以实践和验证,这种软实力更多时候体现在企业文化上。正像企业家任正非所说:"资源都会枯竭,唯有文化生生不息。"目前,以企业文化承载的软实力正在上演着商界的经典传奇。我们身边很多备受尊重的企业——通用、万科、华为等,哪一个没有优秀、独特的企业文化? 对一家上了规模的企业而言,企业文化的作用是巨大的:对内,它是企业经营管理植根的土壤;对外,它是形成企业竞争力的源泉。

如果从单纯的管理角度而言,管理可以分为三个发展阶段:第一个阶段是人管人,即全部以领导意志为转移;第二个阶段是制度管人,即通过制度实施管控;第三个阶段就是文化管人。即通过企业文化管理企业,以此实现企业的快速、健康发展。无论是从对外竞争角度看软实力,还是从内部管理角度看企业文化,都不是虚无的概念,而是产生企业实效和价值的战略力。在 20 世纪的70、80 年代,快速崛起的日本开始成为美国在全球市场上的竞争对手,美国的一些经济学者通过对日本企业管理的研究发现,日本企业的经营管理效率普遍比美国企业高,最主要的原因在于,日本的企业中存在着一种从上到下的共同理念与意识,那就是企业文化。而这种企业文化一旦放到对外的竞争中,就形成了软实力。

企业文化包括精神文化、行为文化、制度文化和物质文化四个环节。也就是在这种强大的企业文化磁石下,崛起了松下、索尼等国际知名企业。这四个环节,核心是企业的精神文化。主要包括企业精神、经营哲学、管理理念、价值观念等内容,以此在理念上指导企业,推动企业的管理。为了保障精神文化健康、良性的塑造,企业还需要构建完善的培训文化,为员工提供多渠道、符合不同成长阶段的"培养套餐",让文化塑造从精神开始。第二环是企业行为文化。通过企业员工在生产经营、学习娱乐中产生的活动文化,促进管理的有效性。比如,书吧读书、网吧健身、茶吧交流等。第三环是制度文化。"没有规矩,不成方圆",主要通过一套完整的制度形成管理。企业需要制定事无巨细的制度流程,以保障每个环节运作合理。此外,为了保障制度的有效性和不断完善,还需要设立管理委员会,通过委员会对相关制度进行事务管理。最外环是企业物质文化,以物质为载体,包括企业生产环境、福利待遇等。因此,需要企业制定详细的福利股则,内容要涉及员工学习、生活、工作、培训、职业规划和创业计划等方方面面,以此促进员工的上进心、发展力。

我们回到比亚迪,就会发现,王传福通过心理学家马斯洛提出的五个不同层次需求构建了比亚迪独有的"家文化"。这种文化模式,其实就是对上述文化管理(精神文化、行为文化、制度文化和物质文化)的全新解读和全面升级。更重要的是,按照王传福的意愿,比亚迪最终形成了"军队—学校—家庭"三位一体的管理模式。从军队的严明纪律开始,使企业形成反应迅速、齐心协力的文化氛围。在此基础上,还要具有学习精神,通过培训、实践学习,让员工得到迅速成长,继而推动企业快速发展。当然,员工的内心还需要通过企业温暖的、家庭般的文化关怀,使员工更愿意同企业一起成长。

在日本松下公司,松下幸之助半身塑像的基座上有松下先生自己写的一个"道"字,这是世界级管理大师的箴言。实际上,这个"道"就是文化之道。而王传福则走出了一条适合比亚迪发展的"军队—学校—家庭"三位一体的企业文化之道,而这种文化恰恰形成了企业持久发展的动力,更使其具备了独特的市场竞争力。

案例·家文化:五层需求构建"军队—学校—家庭"

有这样一个很有寓意的故事:福特前总裁里德想参观丰田工厂,丰田总裁张富士夫亲自陪同里德。张富士夫对里德说,你可以去参观任何一个你想去的地方,可以询问任何一个你想问的问题。一个半小时之后,张富士夫问里德,你有什么感想? 里德回答,没有看到什么特别的地方。参观结束后,张富士夫把丰田的总经理们召集起来开了一个会,他说:今天我们上了一堂非常有价值的课。那就是,我们拥有与福特同样的设备与生产线,但是福特总裁却没有看到我们独特的竞争力。其实,故事的真实性已经并不重要,而丰田提出的这种独特竞争力却很值得探究。那么,丰田的这种独特竞争力是什么呢?

丰田以精益的管理模式享誉世界,许多企业纷纷参观、模仿、实践,却往往一无所获。丰田公司总经理道出了其中的原因:并不存在一成不变的丰田模式。精益管理的实质是一种不断发现问题、不断改进、精益求精、力求完美的企业文化,而这种文化是很难被复制的。恰因为如此,在同质化严重、竞争却更趋白热化的市场中,文化才是企业竞争最后、最强的防火墙。就在比亚迪在争议中获得成功的时候,也引来众多模仿者,但同样以失败告终。原因如开头所言,文化难以复制。

比亚迪的文化,简单而言,就是家文化。王传福所营造的家文化,是以心理学家马斯洛提出的五个不同层次需求而构建。按照这个脉络,王传福将企业文化和人性需求做到了亲密融合和对接。

第一层是生理需求,包括吃、住、休息等。如果这些需要中任何一项得不到满足,人类个人的生理机能就无法正常运转。换言之,人类的生命就会因此受到威胁。在这个意义上说,生理需要是推动人们行动的最首要动力。在这点上,比亚迪免费为员工提供住宿,对员工食堂用餐、通信费用等日常支出提供适当的优惠和补贴。这些都为比亚迪员工提供了基本的生活保障。

第二层是安全需求,包括人身安全、健康保障、工作职位保障、家庭安全等。比亚迪给予员工物质方面的奖励如进步奖、最佳员工奖、服务年资奖,工作方面的奖励如晋升、岗位的轮换等，后勤方面的保障如房车待遇、亚迪学校、技校培训等。这些都激发了比亚迪员工的工作激情。

第三层是归属需要，包括友情、爱情、亲情等情感需求。为了能让员工能够安下心来工作，免除员工的后顾之忧，王传福要求，在建设每一个工业园的时候，都要有住宿区、食堂、超市、娱乐设施、运动场所、图书室，甚至还要设置电脑培训室和洗衣房，进一步方便员工的生活。同时，王传福还拨专款办起各类技能学习班，甚至亲执教鞭，毫无保留地向员工传授高科技知识。在王传福的鼓励下，员工还成立了文学社、书画社、艺术团、英语协会……这些丰富多彩的工作和生活，让大家充分沐浴在友情、亲情的氛围中，极大地提高了工作效率。

第四层是尊重需要，包括信心、成就、对他人尊重、被他人尊重等。人人都希望自己有稳定的社会地位，希望个人的能力和成就得到社会的承认。尊重的需要又可分为内部尊重和外部尊重。内部尊重是指一个人希望在各种不同情境中有实力、能胜任、充满信心、能独立自主，也就是人的自尊。外部尊重是指一个人希望有地位、有威信，受到别人的尊重、信赖和高度评价。马斯洛认为，尊重需要得到满足，能使人对自己充满信心，对社会满腔热情，体验到自己活着的用处和价值。早在 2001 年，王传福就建造了现代化高档小区——亚迪村。目前，公司的中高层管理人员大多数都仍然住在这个小区里，小区里有幼儿园、健身房、超市、露天泳池。随后，亚迪二村、亚迪三村出现了，这将解决大多数管理人员和技术人员的住房问题。员工子女教育也一直是公司决策层关注的重要问题。早在 2003 年，比亚迪就与深圳最好的中学——深圳中学合作办学，创建了亚迪学校和亚迪幼儿园，为比亚迪员工子女提供从幼儿园、小学到中学的全套学校式服务。经过八年的发展，这所学校已经成为当地最知名的民办学校之一，比亚迪员工子女可以在这里得到一流的教育。对于比亚迪的绝大部分员工来说，子女的教育问题也已经或者即将成为他们生活中的重点,但只要他们留在比亚迪,这一切就都可以放心地交给公司处理:只要孩子满三岁,比亚迪就开始提供全套的教育服务,并只象征性收取费用。在这样的条件下,员工自然能感觉到自我得到尊重。又比如,员工车文化。虽然公司在各工业园之间都有免费的班车,但对很多年轻人来说,更希望拥有属于自己的小轿车。这不仅能为生活提供更大便利,也是自我价值的体现。于是,比亚迪先后推出了两个政策:零首付购车政策和私家车补助政策。最终,致使比亚迪的停车场不得不一再扩充。另外在一些细节方面王传福处理得非常好,他也和普通员工一样,穿着普通制服按时打卡上班,并且喜欢与工程师"混"在一起,解决技术等实际问题,这让很多技术人员感受到一种荣誉和尊重。同时,比亚迪的发展和成就也给员工们带来了社会的赞誉和高度评价,外部尊重使员工们体会到了价值感和认同感。

第五层是自我实现需要。这是最高层次的需要,它是指实现个人理想抱负,发挥个人的能力到最大程度,达到自我实现境界的人。马斯洛提出,为满足自我实现需要所采取的途径是因人而异的。在比亚迪同样采取了因人而异的管理文化,力争让每一个人都发挥自己的能力。王传福尊重人才,重用人才,刚毕业的学生在比亚迪往往被委以重任,这是能让员工充分实现自己理想和抱负的关键策略。现为比亚迪副总裁的夏治冰就是一个案例。他进入比亚迪没多久,就被压上了重担——为锂电池事业部寻找 20 万元的贷款。功夫不负有心人,多次碰壁后,夏治冰终于得到了一份 200 万元的贷款。种种压力促使不到 30 岁的夏治冰就出任了汽车销售公司总经理,成为当时全国最年轻的汽车销售公司总经理。在给每一个人发挥空间的管理文化下,比亚迪汽车发展起来了。在比亚迪,很多中层管理人员(约 50%)都是通过历年的校园招聘走进公司的,更有优秀者不到 30 岁就实现了个人抱负,成为部门优秀的负责人。此外,王传福还通过对其高管团队进行股权激励等,推动管理层实现最大的抱负。比亚迪上市以后,王传福却把自己持有的15%股权分发给公司里20多位管理人员和工程师们,真正做到"散财",给员工最大能力发挥的空间。

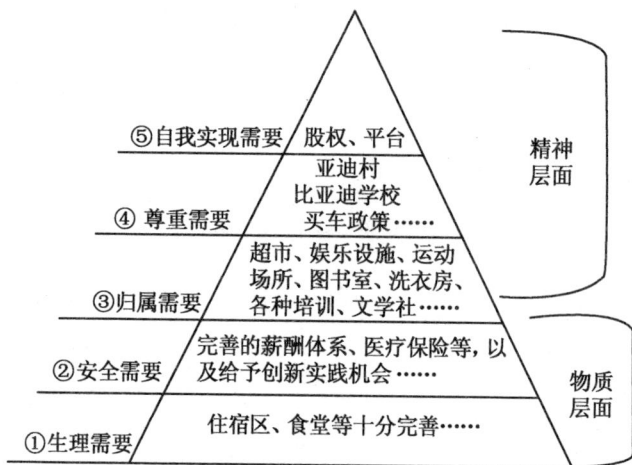

比亚迪管理创新模型

在管理上,王传福奉行简单原则。美国管理大师迈克尔·波特在《管理就这么简单》一书中说道:"生活已经够麻烦了,可还是有许多人不怕麻烦,给自己设置各种各样的'圈套'。他们与这些复杂的问题不断地进行斗争,并且依据一些最新的管理理论,用一些含糊的方法来解决这些问题,其实根本没有必要这样做。最简单的方法就是最好的方法。"在决策管理上,王传福就通过扁平化达到了简单目的。而在员工管理上,也是通过简单的递进式需求管理,实现了简单化管理。王传福很欣赏自己的"非复印式管理",他说:"在市场管理上,我们特别强调信息流要努力做到单纯,最简单的就是市场和研发在我个人身上合而为一! 企业做大,要有所取舍,我可以把财务和生产层次化,少管一些。我不认为管理一个企业很麻烦,只要把研发和销售抓住,企业再乱也乱不到哪里去!"

实际上,王传福最崇尚的公司管理模型是"军队—学校—家庭"三位一体。我们从王传福这个三位一体模型中发现:大家最先接触到的环节——军队特点。纪律严明、反应迅速、齐心协力等。作为公司,无论是营销战役,还是技术攻关,都要有军队的作风,上下一条心,劲往一处使。那么,如何实现军队化管理呢? 当然就是需要训练和学习。像王传福所言,企业要担当起培训、教育任务。首先,作为一线工人,员工的文化水平普遍比较低,上岗培训、纪律培训是不可避免的。而随着很多工人的工作水平提升,其知识水平也需要提升,培训升级也随之需要到位。通过培训,再加上制度,完成军队化风格。其次,作为刚出校门的大学生,也需要纪律严明。为此,比亚迪构建了培训机制、图书馆等,使大家感受到校园文化氛围。做到上述两点后,还要做好长期巩固,给予员工家庭般的温暖,在充实的精神世界里,借助物质化的牵引(这里既有稀缺性的股权等激励,也有优惠买车、比亚迪学校、高档公寓等政策。)最终完成三位一体的管理。由此可见,王传福的"军队—学校—家庭"管理模式,是一个相互依存、相互配合的关系,由"学校"和"家庭"两个管理策略,支撑起"军队"化管理,形成比亚迪独特的"铁三角"管理模式。此时,企业文化已经变成了真正的软实力。

本章启示

如何让企业文化成就软实力?

著名学者约翰·科特曾经写了一本在管理界非常有名的书《企业文化与经营业绩》,在这本书里,他讲了一个非常有名的观点:"每时每刻我们都在与企业文化打交道。"换一句话,我们企业的每一个行为,其实都是企业文化的具体体现。而一旦这些行为形成整合力,并做到最佳引导和组合,就会演变成能量无限的软实力。

一是企业文化必须实现管理落地。

很多企业在企业文化的推广中,都会面临这样的难题:文化构想与实际体现是有差距的,甚至是走样的。因此,仅仅有企业文化还不够,还必须通过管理模式让企业文化实现落地。如果企业文化不能落地,那就是口号,也就没有任何的实际价值了。王传福所营造的企业文化,着眼于两个方面:一是从人的需求差异出发。因为不同阶层具有不同的需求,把需求归为五类,然后采用不同的解决方案。就像读小学和中学、大学是不一样的,人成长到了不同阶段,学习的课程自然不一样。可惜,很多企业却没有意识到这点,自然无法得到员工们的响应和执行。二是从人的性格差异出发。其实,不同区域具有的不同文化等都会影响一个人的性格,而不同性格接受企业文化也必然有差异。因此,企业需要做三项重点工作:一是做好内部企业文化培训,让不同性格的员工尽快融入到大家庭中;其次,要做到奖惩平等,只有在平等的制度下,才能让大家感受到文化的平等,也才会对企业有信心;最后,适当地根据不同的人才进行个性化管理。具体体现在,针对知识型员工通过股权、平等策略,完成了管理文化的健康升级;针对一般员工,通过完善生活圈、学习圈等策略,实现了家庭化的文化再造。通过这些细节落地,让企业文化产生了实际的效应。

二是管理者要坚持"财散人聚"的原则。

在牛根生眼里,"财散人聚"已经被升为创造蒙牛奇迹的经验之谈。目前,虽然"财散人聚"被标榜为企业老板的一种美德,但真正能做到的却凤毛麟角。比亚迪上市以后,王传福把自己持有的15%股权分发给公司里20多位管理人员和工程师们,真正做到"散财"。广东人有一种说法:人旺地旺,地旺财旺。人旺是说大家都聚集到一个地方,而如果大家都聚集到一个地方,则这个地方就"旺"起来,也就是发达发展起来,而地"旺"了,则钱财自然滚滚而来,也就是财"旺"了。因此,人旺是财旺的前提,财旺是人旺的自然结果,只有人旺了,财才能"旺",只要人旺了,财也自然能"旺"。这既是对牛根生观点的一个注脚,更是对王传福的财富观的阐释。在企业发展中,一旦这种文化得到从上至下的贯通,自然就会赢得从下至上的推崇和支持。

三是全面构建企业文化的战略体系。

企业文化的区隔,不是口号式的区分,而是独特的战略体系。目前,比亚迪已经建立起了一套完整的文化体系,这个企业生态系统超越了传统的价值链,涵盖了消费者、供应者、经销商等各方面的管理思想和行为准则。在这个体系下,既有比亚迪的文化本源,也有比亚迪的企业战略和品质,还有比亚迪的品牌营销、经营理念、社会责任、法则、文化等,整个生态系统结成一个共同体,一荣俱荣,一损俱损。此外,在比亚迪的企业文化体系中,我们可以发现这样一个价值链系统:董事长的健康文化观→组织的健康→品牌的健康→价值链的健康。也就是说,企业家的健康文化观影响着整个组织文化的健康走向,而通过组织的健康文化体系创造出健康的品牌,最终形成了整体价值链的健康。在这个体系中,企业家必须以身作则,构建一个畅通的、健康的文化体系,这样才能促动企业健康、快速地发展。其实,看似复杂的企业文化并不复杂,企业家完全可以借鉴王传福的简单文化模式。

四是企业文化的塑造要做到360度传播。

实际上,企业文化不是拿来看的,而是要传播和互动起来。其传播方式要像一个圆一样,360度全面展开,包括媒体传播、企业报纸、文化展示、专题讲座、媒体软文、文艺演出、大型展会、工业旅游等各类传播形式，以此宣传推广健康文化。换一句话说，文化的传播需要全方位、多角度的传播，以此形成内外结合的传播效果。最终，文化传播除了传播到企业内，还可以传递到终端，实现消费者对企业文化的感知，最终认可企业，推动销售最大化的实现。这样，企业文化也就具有了社会价值，而这种社会价值还会进一步提升员工的自豪感，并优化企业内部文化管理。

第六章

营销创新：世界推土机下的"六海"竞争

什么是"六海"的创新革命

在很多时候,企业战略与竞争对手战略紧密连在一起,竞争对手采取什么战略,往往影响着你的战略选择。因此,创新既是基于寻找市场蓝海的抉择,也是超越竞争对手的选择。从长远来看,创新不仅要关注对手,更要关注整体营销环境。只有站得高,看得远,才能超越狭隘的竞争。我们常说,世界是平的。其实,世界也是弯的。在当今时代,我们既可以推倒一切墙,整合世界性的资源,打响资源整合战。同时,我们也可以以此找到独有的优势,打赢不对等战。此时,能够超越对手的创新路径变得十分宽广。就像轰隆隆的推土机,带领我们有了更多的创新方向。

第一辆：工具推土机。在被称为是"当代中国的孙子兵法"的《超限战》一书中,有这样一个观点:"武器革命总是比军事革命先行一步。"市场销售也是如此,要想抹平世界,首先就要有革命性武器——工具。在这方面,企业既可以选择超前的生产设备,创造高品质产品,也可以通过工人和机械手,创造一个半自动化的制造模式。工具超前是创新方向(如苹果等数码产品的精密制造),工具适用也是创新的路径(如比亚迪的"设备＋工人"独有半自动化的制造模式)，工具采用网络化构成(如通过软件系统进行定制化的制造模式)可以完成快速发展，采用传统创新革命(如比亚迪创建的大产业链形式)也能够成就领跑。工具是为目的服务的，只有企业明确目标，才有可能在世界范围内组合、创新你的长板工具。

第二辆：成本推土机。 竞争力增强的第一要素就是"低价格"，获得低价的有效途径就是降低生产成本，因此成本管理在企业管理中有着至关重要的作用。整合思维的运用要求企业家能够寻找出生产流水线上的优势资源，把握成本优势，并将各种优势资源进行有效整合，最终在各个环节上把成本降到最低。戴尔公司就利用互联网开通在线销售，对商业模式作出突破性的改革，既对周围有利资源进行了成功整合，也降低了企业成本，同时更促进了销售。而比亚迪则通过制造模式改变、工艺流程变革等，实现了低成本的运作，完成了成本的创新。

第三辆：传播推土机。 在传播策略上，既可以采取整合传播模式，也可以采取引爆点模式。1991年，美国市场营销学教授唐·舒尔茨提出了"整合营销"传播的新概念。舒尔茨认为，传统的以4P(产品、价格、渠道、促销)为核心的营销框架，重视的是产品导向而非真正的消费者导向，制造商的经营哲学是"消费者请注意"。面对1990年代市场环境的新变化，企业应在营销观念上逐渐淡化4P、突出4C，制造商的经营哲学要更加"注意消费者"。也就是在这样的思维下，比亚迪从消费者的个性需求(高性价比的时尚车型、面子车等)出发，通过事件营销、活动营销、广告等立体化组合，完成了整合传播。更重要的是，借助股神巴菲特投资比亚迪、参加比亚迪会议等新闻炒作，通过新闻引爆点完成了高调推广，品牌提升。总之，世界是平的，就看你如何组合资源了。

第四辆：生产推土机。在制造业中，工人成本巨大，特别是技术工人的成本更大。比亚迪恰恰处在中国，而人力成本与国外相比，依然相对廉价。因此，在制造上王传福突破了传统精细化、自动化制造的模式，利用廉价劳动力进行了传统式的生产创新——半自动化制造。而出于成本考虑，比亚迪主要招聘了大量的大学生，以此节省了更多的人员成本。而这一切，都是因为平世界中，依然存在弯的地方。只要你去观察和寻找，就能找到中外不对称的地方，甚至是区域资源不对称的细节，而一旦实现整合，就是创新点，也是打赢营销战的关键能力。

第五辆：技术推土机。在平世界，技术也是平的。很多技术完全可以通过拷贝和创新完成市场跨越。日本汽车从 20 世纪 50 年代到 80 年代完全是"拷贝"模式，丰田当时就拷贝福特，80 年代到 90 年代后进入"改变"阶段，90 年代后日本汽车才有真正的设计，而韩国 80 年代也是从拷贝起步。因此，技术也会成为打破旧模式的推土机。比亚迪通过集合非专利技术，使 F3 成为中国最快突破 10 万辆销量的自主品牌车型。其实，无论是在电池、电子产品还是在汽车制造领域，比亚迪走的都是一条非常规发展道路——即找到合适的巨人、技术，并站在其肩膀上起跳。在消化、使用的前面已有技术的基础上，进行了更适合自我、消费者的创新（其实，集成也是一种创新），最后形成自己的独特竞争力。

第六辆：模式推土机。所谓的商业模式就是指企业根据自己的战略性资源，结合市场状况与合作伙伴的利益要求，而设计的一种商业运行组织和模式。而商业模式的建立，更多也基于资源的整合。无论是借助国际资源组合还是国内资源整合，都需要打破既有的界限。比如打破国际界限，进行中外联合；比如打破常规制造，构建大产业链，形成另类成本战略。正当大家遵循"利润＝售价－成本"这个公式时，比亚迪却重新排列组合，变成了"成本＝售价－利润"。从这个角度思考,就意味着在垂直链条上的各方,其实在生产前就已经知道自己的具体目标,而不会成为吞噬成本的硕鼠。其实,当企业打破常规模式,采取反向创新的时候,也就找到了模式推土机。

我们通过以上列举的六辆推土机可以看到,创新并不是20世纪80年代所流行的点子。在那个时候,一个想法、一个改进、一种组合,都可以为企业带来巨大的收益。现代市场竞争日益激烈,消费者对众多的营销手段都日渐熟知,很多营销措施看似很好,消费者却能一眼看穿,根本经不起市场的检验。产品一旦放到市场上,效果就马上会大打折扣,甚至是冷场。而当下的创新,更多是结合消费者需求、市场竞争、国际趋势等诸多因素,进行全新的整合和改良。正因为如此,营销创新不能再只是一个点、一个方法的创新,而应该是一个系统的多种资源的整合。众所周知,营销与创新的紧密整合,往往可以使创新变得强大。尤其在整合方面,完全可以借用现代营销学奠基人之一西奥多·莱维特提出的"全球营销"思想、整合营销之父唐·舒尔兹提出的整合营销。前者告诉我们,全球整合可以快速实现创新,比如比亚迪就借助世界优秀车型,进行了系统整合,完成了设计创新;后者告诉我们,营销必须整合所有策略,以此实现市场的组合聚变。实际上,也就是在这样的背景和思维下,王传福完成了营销创新的"六海"整合,即蓝海、近海、深海、红海、领海、远海的组合聚变。

案例 · 混合模式:"六海"创新的组合聚变

我们从王传福的成功案例来看,他的很多创新核心就是整合。在当今时代,很多资源都可以拿来借鉴、整合,甚至做到"模仿 + 创新"的超越,以此实现整合下的创新战略。

在整合企业现有的资源中，一般包括两方面：一是营销整合，包括渠道、品牌、战略等资源整合，以此实现组合聚变，让创新具有多种竞争力；二是物质资源，包括企业所拥有的资本、人力等方面的资源。营销整合是一种对各种营销工具和手段的系统化结合，并根据环境进行即时性的动态修正，最终实现价值增值和市场突破。无论是进入电池领域，还是汽车领域，比亚迪都不是最先进入者，而后来者首先面对的就是竞争。因此，王传福的创新整合都是基于竞争力的战略创新。

第一，蓝海策略。 从竞争角度来看，市场由红海和蓝海组成。众所周知，残酷的同质化竞争必将使红海变得更加血腥——市场空间会越来越挤，利润也必然会越来越薄。与之相对的是，蓝海代表着亟待开发的市场空间，代表着创造新需求，代表着高利润增长的机会。因此，蓝海也是众多企业不断探求的发展战略。而王传福所擅长的就是高性价比策略，比如第一款车 F3，在外观上和丰田花冠几乎一样，甚至内部的部分零部件都可以通用，但价格还不到花冠的一半。随后，这种价格差异化也随处可见，微车 F0"高仿"丰田 AYGO，而价格只有 4 万左右。F3－R"翻版"上海通用凯越 HRV，但售价只在 6 万左右……营销之父菲利普·科特勒很早就提出，"营销并不是以精明的方式兜售自己的产品和服务，而是一门创造真正客户价值的艺术"。比亚迪正是通过高性价比来创造顾客价值。随着 2011 年的到来，比亚迪也尝试了渠道蓝海策略。比如在对于 S6 的上市，夏治冰曾对媒体表示，S6 的价格在上市两年之内不会变化，并且比亚迪将严控终端的销售价格，让 S6 成为为车主"保值"，同时让经销商体会"销售快感"的一款车型。也就是说，在以往的模式上，比亚迪还尝试了让产品保值的营销实践。

第二，深海策略。 红海厮杀中，智慧型企业只有两种选择：一是在红海外寻找蓝海，二是在红海中转战深海。而深海战略就是深挖自己的海域，在海平线下设置自己的深海防线。对此，比亚迪采取了渠道深挖和深潜两个策略。通过渠道的深挖,比亚迪大量招募经销商,销售网点总数迅速从600家左右上升到超过1200家,其中有超过600家为4S店,其经销商数量的增速名列国内前茅。此外,比亚迪还采取了深潜策略,很多地方的经销商已延伸到县级地区。甚至有人还说,比亚迪的业务员已经开始关注乡村市场,这可谓绝对的深海策略。为了保障渠道的延伸,比亚迪销售公司已有1000多员工,成为全国最大的汽车销售公司。比亚迪在经历了几年的高速发展和"疯狂扩张"之后,在2010年进入了一个调整年。特别是对旗下的销售网络进行重新整合,减少了经销商的数量并加大了对重点城市、重点区域的拓展力度。这种因时而变的策略,还是基于把市场做深、做透的理念。

第三,近海策略。随着渠道的不断扩大,王传福也加强了近海策略,即通过各种营销策略,让渠道发展变得更为稳固。首先,王传福采取了分网策略。从全球范围来看,其实像大众和通用这样的国际大厂商实施分网销售已有多年历史,运作也比较成熟,如大众旗下就涵盖了大众、奥迪、斯柯达、兰博基尼、布加迪等七大品牌网络,通用旗下则包括雪佛兰、别克、凯迪拉克等。实际上,渠道分网策略,可以全方位建设每个品牌(产品)的形象,配合差异化定位开展差异化营销,也更便于消费者识别记忆,并进行最终的判断选择。在比亚迪的网络规划中,A1网销售F3、F6、F3DM、F6DM、F8、M6、S6等车型,A2网销售F0、F3R、F8、L3、M6、Y6等车型,A3网销售F3R、F8、G3、G6、M6、T6等车型。此外,比亚迪在构建千家店的同时,还提出了千张报的策略。即经销商提车的时候,每台车补贴500元,此后经销商每台车还可以再报500元/台的宣传费用。以比亚迪在深圳的20家店为例,一家店600台车/年的提车量,就有1200万/元的广告费用,足以把深圳的几大报纸都覆盖掉。这种渠道政策,可以实现报纸声音最大化,最终让经销商实现销售最大化。

第四,领海策略。红海是血腥的,红海的游戏规则就是弱肉强食,做不好甚至会陷入无尽的黑海。但是,面对跟风模仿,企业想守住一个"蓝海"也是很难的,特别是要长期坚守住。在现实中，我们经常可以看到：少数的领航者在前面跑，后面基本都是成千上万的、毫无秩序、鱼龙混杂的跟随者……因此，比亚迪在创造蓝海市场后，开始积极地铸就"领海"——品牌。

2008年9月，美国著名投资者股神巴菲特的投资旗舰伯克希尔·哈撒韦公司旗下附属公司Mid American，与比亚迪股份有限公司签署了策略性投资及股份认购协议。根据协议，巴菲特将以每股港币8元的价格认购2.25亿股比亚迪公司的股份，约占比亚迪本次配售后10%的股份比例，本次交易价格总金额约为港币18亿元。于是，比亚迪借助巴菲特投资事件进行了从媒体到终端的大力推广，甚至吸引了全世界的眼球，这不能不说是一个起跳板。随后，比亚迪第二次利用这个杠杆。在2010年9月，巴菲特从深圳开始了中国行的第一站。名义上是举办"慈善晚宴"，进行公益活动。实际上，就等于是在为比亚迪作为免费广告代言人。作为比亚迪的海外大股东，巴菲特在比亚迪的晚餐现场为比亚迪做"广告"，面对近1500名比亚迪经销商说："比亚迪汽车的年增长率是中国最高的，也是世界最高的。我认为自己选择比亚迪合作是个明智选择，对大家来说，选择和比亚迪合作也是一个明智的选择。我想我们现在来到的是成就梦想的现场，一起感受这份激动更让我们坚定了这一点。"此外，巴菲特还亲手将一辆F3DM钥匙交付给比亚迪车主，以此庆祝比亚迪汽车销售突破100万辆。现场广告和互动活动的结合，让比亚迪的品牌得以迅速提升。继而在2011年4月，比亚迪作为巴菲特投资的中国公司，还受邀参加了巴菲特股东大会。由比亚迪自主研发的具有高效能、零排放、超长续航里程的纯电动大巴K9则作为大会展馆外的临时交通工具，负责运送前来参加股东大会的观展客人。另外，抵达美国的第一辆电动大巴K9已在美国正式上牌，这标志着首度走出国门的比亚迪K9，迈出了进军北美客车市场坚实的一步。在伯克希尔·哈撒韦公司召开的年度股东大会上，副主席查理·芒格表示他仍旧信任比亚迪,比亚迪的价值仍旧高于伯克希尔当时所支付的价值。这一次,又让比亚迪品牌走向国际化。

第五,红海策略。在营销战上,除了可以主动打击对手,还要具有非常强烈的防御策略,这样才能保证企业走得更长远。在这方面,比亚迪采取了类似红海的策略,即塑造让对手翻越不过的模式,通过制造成本的控制能力,使其产品总是在价格上具有杀伤性的竞争力。这样,一旦比亚迪相关产品推向市场,对其他很多企业来说,就是红海一片,而对比亚迪来说,竟然具有不错的利润。比如,通过各种制造模式、人海战术以及垂直整合模式,比亚迪构建了价格墙。王传福说:"我们的产品毛利很高,F3、F6都在25%以上,F0低一些,因为奇瑞QQ把市场价格压得很低,但也有10%的毛利。比如F3,与国际同类品牌(丰田花冠)相比,价格是它的一半,为什么还有25%的毛利?因为我们的每一款产品都是自己开发、制造、销售。现在的垂直整合还只是表面的,随着公司进一步垂直整合,毛利会更稳定。比如发动机,现在我们只是做缸体、缸盖,还没有做曲轴、连杆,以后都可以做。变速箱现在只做变速箱壳,齿轮还是外购的,今后我们一旦有精力,都会自己做。越细分地进行整合,整体的毛利就越会往上走。"

除了汽车的垂直整合,比亚迪还在继续延伸,围绕新能源技术这个核心环节,比亚迪延伸出LED、储能电站、太阳能计划等产业链,王传福甚至对媒体说:"我们把比亚迪最强项的垂直整合能力、技术研发能力、材料、电池集于一身,进行大量研发,开发出一种'比亚迪法',从矿石到工业硅、高纯硅、多晶硅、硅片、太阳能电池、模组、太阳能电站,做整套产业链的整合。"新能源的垂直整合,也将为比亚迪新产业的高性价比战略进行架桥铺路,让对手无法从根本上跟进,这又将是另外一个核心竞争力。

第六,远海策略。远见者看未来。毫无疑问,随着环境污染、能源短缺等问题被大家日益关注,新能源车已经成为趋势。因此,王传福通过铁电池等技术,强力推出了电动车。此前,这个市场一直被国外高端品牌把持,这似乎是一个已经被定位为高端的市场,一贯实行低价策略的比亚迪如果依然通过成本战略占领市场,也必将颠覆现有的市场格局。除了布局国内市场外,比亚迪还在美国进行试销,并计划向加州多个政府部门提供至少50辆电动车。此外,比亚迪还进入了汽车金融领域。其涉及的业务内容主要是为自有汽车品牌下的经销商采购车辆和运营设备提供贷款,缓解经销商的资金压力。2011年3月31日,汽车金融公司已经获得银监会的批准。实际上,这些策略都是基于未来的战略布局。在这些战略布局下,必然依靠更多的创新承载其发展速度。

在很多企业,营销创新往往是一个营销环节的成功,这本没有错。但是,如果想领跑市场,甩掉对手,更要注意营销组合。只有实现整合,才能让创新更深入、更彻底,也更具有竞争力。王传福通过蓝海、深海、近海、领海、红海、远海这些策略,形成了混合营销模式,即把所有优势集合一起,形成营销的组合聚变。从比亚迪的案例中不难发现,营销创新的实质是创新的全面组合,最终完成企业全面、立体化的营销聚合。

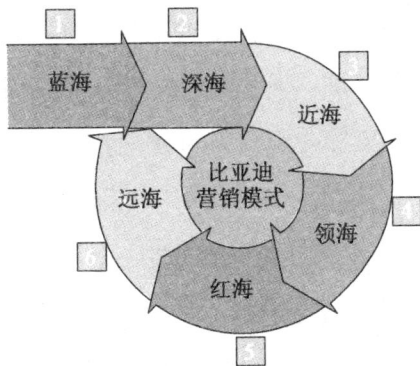

比亚迪营销创新模型

本章启示

混合创新的无定式

实际上,在比亚迪的营销模式中,如果从单点来看,是非常简单的,关键是比亚迪做到了多种王牌营销策略的整合。世界著名的营销大师罗伯特·劳特朋认为,大众营销时代已经过去,整合营销时代已经来临。营销创新也是如此,整合就是要把各种曾被认为相互独立的因素,看成一个整体,进行重新组合,形成混合聚合,其力量必然是强大而无限的。创新无定式,整合创未来。我们从王传福的营销创新案例中可以感受到以下四点。

一是创新结果需要超出期望。

创新的结果在很多时候,就是创造消费者"超出期望"的感受。其实,这个策略也很简单。举一个简单的例子,做电池的时候,王传福作品质承诺时,往往故意将100分的产品说成90分,当客户实际使用后,必然觉得超值,从而对比亚迪产生信赖。"买便宜"或许是需要的时候才买,而"赚便宜"的感觉却容易创造更多的回头客。也正是在王传福这种"超越预期"的营销策略下,比亚迪的消费者越来越多。其实,比亚迪在推出F3的时候,也是如此,即高性价比策略超出了消费者的一般性期望值,给大家一个物超所值的感觉,也因此赢得了市场喝彩。在后期,比亚迪一直采取这个策略——高性价比,尽量超出消费者预期,以此促动销售。而这些都是表象,承载这些策略的支点就是创新,让各种创新为高性价比服务。

二是清楚你在为谁而创新。

这个问题虽然有点简单，但并不是每一个企业家都能说清楚。王传福曾经说："办企业，你首先要明白一点，你的市场是什么？你的客户在哪里？你的产品的竞争力是什么？这是一个企业家必须要思考的三个问题，如果这些问题解决不好，你的企业就不可能一日千里，蒸蒸日上。"比亚迪的发展也是如此，王传福在进入电池领域不久，就已经知道了客户在哪里，并且知道对这些客户来说，品质和价格是最有效的杀伤武器。又如进入汽车行业后，王传福更看到了庞大的市场需求——众多消费者想购买高品质的汽车，但是价格成为一道门槛，阻挡了众多消费者的购买力。换句话说，就是这些消费者更希望买到具有国际流行色、品质上乘，且价格便宜的汽车。在这个需求下，王传福从生产制造、产品设计、价格定位等方面着手，构建出了高品质、国际车型和最低价格的创新产品。最终，根据这些需求进行了营销的创新整合。

三是创新要构建"新增长工厂"。

在本世纪初，宝洁公司只有15%的创新实现了收入和利润目标。为此，宝洁公司建立了"新增长工厂"，其中包括大型新业务创建团队、专项小组以及创业指导专家等。这些新增的不同部门在宝洁创新文化和创新制度的引导下，让宝洁的创新成功率上升至50%。而在比亚迪，很多创新也是团队协作的结果。在各个部门创新组合后，最终完成了创新聚变。如为迎合消费者心理，扩大销售而进行的产品组合创新；为快速提升产品知名度和品牌竞争力，通过股神巴菲特进行系列、持续的事件传播，还与德国戴姆勒股份公司联合制造新能源车；为提升企业在市场中竞争力，比亚迪创办汽车金融公司，更完成了大而全的产业链延伸和整合……结果，每一项工作都是创新，每一项创新都传递出市场价值。实际上，这些创新分属不同部门和团队，是集体创新力的结晶。当这些创新进行了紧密组合后,也就形成了比亚迪的"新增长工厂"。

四是创新能够整合机会窗。

其实,王传福的很多创新,都是抓住了机会窗,并进行了机会窗的整合。首先,王传福善于整合每一个机会。创新整合过程中,关键是清楚市场存在哪些机会,并分析哪些是合适的利用机会,这样才能打开每一个"机会窗",并提高传播效率与市场效果。比如,针对新能源市场推出的电动车,就是抓住了世界能源关注热点,更由此带动了其他产业的品牌提升和技术形象提升。在这样的背景下,王传福整合了电池技术(研究手机电池的技术)、政府支持(对新能源的政策支持)、巴菲特效益(新能源吸引了巴菲特)等,然后在此基础上加大媒体传播和研发投入以及市场销售。其次,整合每一个人。创新不是单个行为,而是需要集体互动。在创新方面,王传福依然采取人海战术,从大学生到资深工程师,全部整合一起,这样不仅提升了创新发展,更是形成互动,让创新全面传播出去。而在每一次活动中,企业内外的每一个人都参与其中,公司员工、代理商、销售人员等都需要整合一起,活动由此变得声势浩大。最后是整合每一个终端。在大型活动中,比亚迪还通过横幅、展板等方式将消息传递到星罗棋布的终端店,让最有利企业品牌提升的信息在第一时间传递给消费者,实现传播效果的最大化。

第七章

成本创新：拧毛巾中的 18 般武艺

构建成本战略的四层境界

成本领先战略是美国著名管理学家、哈佛大学商学研究院著名教授迈克尔·波特提出的三大竞争战略之一，是指通过有效途径，使企业的全部成本低于竞争对手的成本，以获得同行业平均水平以上的利润。

如果一个企业能够取得并保持全面的成本领先地位，那么它只要能使价格相等或接近于该产业的平均价格水平，就会成为所在产业中高于平均水平的超群之辈。当成本领先的企业的价格相当于或低于其竞争厂商时，它的低成本投入就会转化为高收益。然而，一个在成本上占领先地位的企业也不能忽视使产品创新——让产品具有别具一格的特色。否则，一旦成本领先的企业的产品在消费者眼里比其他竞争厂商的产品不具有竞争力，或者比其他企业产品更差的时候，就必然会抵消了其有利的低成本投入所带来的好处，甚至还会损坏企业声誉，拖累企业发展。美国德克萨斯仪器公司（手表工业）和西北航空公司（航空运输业）就是两家陷于这种困境的低成本厂商。前者因无法克服其在产品结构上的不利之处，而退出了手表业；后者则因及时发现了问题，并着手努力改进营销方式、乘务员服务质量和为旅行社提供的优质服务,而使其业务水平进一步与其竞争对手并驾齐驱。此时,他的竞争优势才再次凸显出来。也就是说,只有具备高性价比能力,才能锻造出一把锋利的市场利剑,而不是单一的低价格操作那么简单。

境界决定企业创新目标,目标决定企业发展方向。其实,成本领先战略也有不同的目标层次,而只有达到最高层次,才能实现真正的成本创新。有关专家曾针对成本战略总结出四个境界,以此形成了金字塔式成本智慧模型。

最底层境界:单一地降低成本。

市场鏖战,最终都要落到产品上。无论是"薄利多销"思维还是"高利润"智慧,降低成本始终是很多企业排在第一位的战略目标。当企业面临激烈的市场竞争时,在既定的经济规模、技术条件和质量标准条件下,企业就会不断挖掘内部潜力,通过降低消耗、提高劳动生产率等方式降低成本。这是成本领先战略的基本前提和最低要求。当然,这也是常用的、最低端的成本管理模式。

第二层境界:改变成本发生的基础条件。

这个基础条件包括劳动资料的技术性能、劳动对象的质量标准、劳动者的素质和技能、企业的管理制度和企业文化、企业外部协作关系等各个方面。在特定的条件下,生产单位产品的劳动消耗和物料消耗有一个最低标准,当实际消耗等于或接近这个标准时,再要降低成本只有改变成本发生的基础条件,比如可通过采用新设备、新工艺、新设计、新材料等来改变影响成本的结构性因素,为成本的进一步降低提供新的平台,使原来难以降低的成本在新的平台上进一步降低。从这个层级看,企业虽然已经通过新设备、新工艺、新设计、新材料等创新实现成本战略,但在很多时候如果没有战略创新目标,其行为很容易成为散点行为,无法发挥最大的聚合力。

第三层境界：首要任务是增加企业利润。

在其他条件不变时，降低成本可以增加利润，这是降低成本的直接目的。在经济资源相对短缺时，降低单位产品消耗，以相同的资源可以生产更多的产品、可以实现更多的经济目标，从而使企业获得更多的利润。但成本的变动往往与各方面的因素相关联，如果成本降低导致质量下降、销量减少，反而会减少企业的利润。因而，成本管理不能仅仅着眼于成本本身，还要利用成本、质量、价格、销量等因素之间的相互关系，以合适的成本来维系质量、维持或提高价格、扩大市场份额等，使企业能够最大限度地获得利润。

最高层境界：使企业保持核心竞争优势。

企业要在市场竞争中保持竞争优势，在采取诸多的战略措施和战略组合中，成本领先战略是其中的重要组成部分。同时，其余各项战略措施通常都需要成本管理予以配合。需要注意的是，降低成本必须以不损害企业基本战略的选择和实施为前提，并要有利于企业管理措施的实施。在实施企业战略的过程中引导企业走向成本最低化，这是成本领先战略的最终目标，也是成本领先战略的最高境界。在这个目标下，企业的成本创新变成了有章可循、有标可量。最终，必然形成了组合聚变的成本能量。

目前，依靠成本领先战略成功的企业有很多，比如格兰仕微波炉就是通过成本杠杆成为市场领头羊，在成为行业第一后，又进行了多档次、多系列的市场布局。而比亚迪更是通过成本战略，顺利进入电池、汽车领域。特别是刚进入电池领域的时候，更是以低于对手 1/3 的成本杀进市场，打败了三洋、索尼，抢占了全球 15％的市场，一举成为中国最大的手机电池生产企业。这就是成本战略下取得的优异成绩，而这个成本战略就是基于核心竞争力，而不是简单的利润机器。

虽然在中国有很多成本战略案例,但麦肯锡依然这样评价中国企业:成本优势的巨人却是成本管理上的弱智。实际上,成本控制不是一门节约的艺术,而是一门花钱的艺术,如何将每一分钱花得恰到好处,将企业的每一种资源用到最需要它的地方,这是中国企业在新的商业时代共同面临的难题。也只有找到了这种艺术策略,才能使企业保持长久的竞争优势,也就是达到了成本战略的最高境界。

在成本战略上,企业必须做好三个维度的了解和调整,这样才能找到最佳的成本管理模式。

第一维度:看行业生产模式。

对于生产制造企业来说,供应商提供材料和劳务的价格决定了企业的采购成本,经销商的采购价决定了企业的售价。行业的生产模式是什么呢?简单说,就是找到行业在上、下游与渠道企业的所有连接点,而这些点也都能够显著地影响到企业成本。为了节省此间产生的多种成本,很多企业都作了积极的探索。比如施乐公司就通过网络终端向供应商提供其生产进度表,使供应商的元器件能及时运来,这样可同时降低双方的库存成本。而王传福干脆打破旧有的生产模式,采取了全部自己生产的制造模式,形成了自给自足的局面,甚至在某些节点上(比如模具)还可以实现对外生产和盈利,最终完成了成本的战略性提升。

第二维度:看竞争对手生产模式。

竞争对手生产模式分析是指在识别竞争者生产模式和价值作业的基础上,通过对其生产模式的调查、分析和模拟,测算出竞争对手的成本。企业与之进行比较后,就可以找出与竞争对手的成本差异,制定出扬长避短的成本竞争策略。其实,这就是典型的标杆模式,通过对标,找到自己的差距,并由此弥补或者找到更好的差异化模式。激烈竞争条件下,竞争对手生产模式并不是一成不变的。它会根据外界环境、自身条件的变化,随时随地不断调整。因此,企业自身也需要动态的调整策略。比亚迪在进入电池产业之初,也准备采取与对手相同的制造模式,但是由于资金严重不足,而不得已进行了成本创新——一面采取与对手相同的制造流水线,一面结合自己发明的夹钳式人工流水线,两者结合后,既区别于对手,也超越了对手。

第三维度:看企业内部生产模式。

依据成本管理的科学方法,需要企业对各个车间的各个生产环节进行梳理,对每一个生产环节的成本与收益进行细化。除此之外,还要对管理部门、销售部门、采购部门等主要部门的成本与效益进行梳理。通过全面的梳理,一般都会发现不少工序和业务部门存在低效率现象。按照王传福的成本战略,其成本秘密主要来自两个控制方向:一是来自西方的工业流程管控,即通过控制原材料、人员、设备等措施,完成硬性的成本管控;二是来自东方的文化管理管控,即通过企业文化、独特的区域资源等,完成软性成本的降低。在这方面,体现更多的是创新智慧。比如,中国劳动力成本相对低,比亚迪就采取了人海战略。众所周知,同样的工程师数量,中国和美国的成本简直就是天壤之别。比如,通过制造细节修改、材料替换等策略,同样可以节省更多的成本。实际上,如果单一地采用硬性成本,就像拧干毛巾,到最后不仅拧不出水,还可能损坏毛巾。而软性成本却是无形的,可以随时发现,随时管控。也就是在这样思维下,王传福构建了比亚迪独有的成本优势。

竞争战略大师迈克尔·波特认为:"消费者心目中的价值是由一连串企业内部物质与技术上的具体活动与利润所构成,当你和其他企业竞争时,其实是内部多项活动在进行竞争,而不是某一项活动的竞争。"由此可见,生产模式竞争的重要性。最佳的生产模式让企业的制造成本更低,也让消费者获得更多价值。

方向正确等于成功了一半。纵观国内外的优秀企业,莫不是战略定位的高手。他们清晰地将自己的战略定在正确的方向上,所有后续战术的展开都有着清晰的目标,结果当然是无往不利。成本控制也一样。

案例·成本战略:拧干毛巾的真功夫

按照"颠覆性技术"的首创者、哈佛商学院教授克莱顿·克里斯滕森的观点,丰田之所以能颠覆美国汽车企业,又受到韩国现代汽车的威胁,并不是因为产品创新的问题,"每一家企业都可以设计出和竞争对手一样的产品,而它们之所以不能与后来者竞争,是因为没有找到能用很低的成本制造汽车的商业模式"。王传福对这句话应该是深有感触的,比亚迪就是找到了低成本制造汽车的商业模式,因此成为行业黑马。

在实际中,为什么很多企业面对成本问题束手无策呢?首先,很多企业找不到更好的方法,而又不敢采取"抠"的策略,担心影响企业健康发展;其次,也有很多企业采取了"抠"的策略,比如在市场营销、技术研发、业务费用等方面缩减开支,但这不是杯水车薪就是釜底抽薪,最终受伤的还是企业自己。同样擅长颠覆性创新的王传福,更多是从多角度节省成本。

一是善于借道。一辆车,设计是灵魂。而决定消费者是否购买,往往也是设计起到决定性作用。因此,王传福对设计的重视与成本是对等的。只有研发设计好了,才可能使生产过程中的变量降到最小,也就是把成本降到最低。"一个产品的质量分为两部分,就像人一样,一部分是先天的基因,一部分是后天的培养。如果先天设计不好，怎么造也是造不好的。制造工艺弥补不了设计缺陷，实际上产品70％—80％来源于它的设计，20％—30％来源于它的制造。设计得好，70％—80％的品质就保证了，制造上也要把它造好。"王传福如此解释。在他眼中，无论汽车还是手机，都是设计占主体，决定了 70％甚至更高的品质。也正因此，设计成本是每一个企业投入最多的环节。为此，王传福采取了捷径——非专利的集成。为此，研发人员的首要任务就是拆车。他们在对世界先进样车"庖丁解牛"后，进行再研发。比亚迪首席设计师廉玉波毫不避讳："我们每年要拆很多车，有专利就规避掉，没有就拿来用，并做好了打官司的准备，而且 100％不会让对手赢。"其实，从早年的电池研发到如今的汽车制造，王传福一直以来对所谓"专利"嗤之以鼻，他认为："一种新产品的开发，实际上 60％来自公开文献，30％来自现成样品，另外5％来自原材料等因素，自身的研究实际上只有 5％左右。"在这样的背景下，比亚迪的成本自然降低到极点。

一个企业，人力资源是大成本。为此，王传福依然采取了与其他汽车企业不同的模式，大量招聘初出茅庐的大学毕业生。王传福有自己的想法："比亚迪不但造产品，还很善于造人，能把大学生培养成一个工程师团队。比亚迪一年招募几千名毕业生，是因为明白造车需要先造人，先把专业人才给造出来，然后把设备造出来，再把产品也顺便造出来。我们需要人才不是 10 个，而是 1 万个，所以必须具备把这 1 万名大学毕业生培养成可用之材的能力。"在这种策略下，比亚迪的成本与其他汽车企业相比，简直就是天壤之别，就如王传福所言："他们用 200人做的事情，我能用 2000 人来做！这部分成本占的投资比例我们大概只有 3％，而他们却是 30％。"除了生产制造成本外，技术力量也体现出来，这些大学生闭门研究了 6 年的铁电池技术团队一举突破难关，并应用到汽车上，成为电动车的主要动力系统。实际上，后来生产各系列汽车，也都是这些大学生的杰作。也就是说，大学生的能力一点都不弱，只是缺乏机会，但是他们的成本与成熟工程师相比，却低得多。

二是善于换道。在产品竞争日趋同化的今天，提高产品竞争力的主要方式就是：以比竞争对手更低的成本获取更高的利润，这也是各行业的共识。节省成本有各种策略，或是提高管理效益，或是控制开支，或者通过研发。而王传福却不认可很多企业仅靠抠门的成本控制策略，他认为企业更应依赖研发，以领先的工艺或替代材料来降低成本。他说，如果限制员工出差，节省的花销非常有限，但一项重大工艺变化或许会带来 10 倍的成本变化。比如，生产镍铬电池需要大量耐腐蚀的镍片，而镍的价格每吨高达 14 万元，如果改用镀镍片则每吨只需 1 万元，但品质会受影响。比亚迪的研发中心专门改造电池溶液的化学成分，使镀镍片也不易被腐蚀，仅这一项改进，使得镍原料月花费从 500 万～600 万元降至区区几十万元。比如，经研发改进后的比亚迪电池生产工艺流程简短有效，并容易操控，成本必然降低很多。又如，通过技术攻关，比亚迪将开口化成工艺改进成为封口化成工艺，使其省时、省力，又省钱。为了寻求新工艺，比亚迪还与上游材料供应商共同研发，共同制定降低成本的方案。如镍镉电池需用大量的负极制造材料钴，如果选用性能较好的钴，成本非常之高。比亚迪与深圳一公司合作，找出国内外钴的品质差距，制定了提高国产钴品质的办法，终于使国产钴达到国际品质要求，同时较国外产品成本下降 40%。由于负极材料应用极广，仅此一项，比亚迪一年就可以节省数千万元。

为了节省厂房投入，比亚迪的车间过道宽度比一般企业的要小一半左右。但是，在狭小的空间中，物料架却堆放得很紧凑，而且车间内的零件半天就能更换一次，这样就比一般企业能缩短一天半的库存占压。其实，这种细节创新，在王传福做电池的时候，就累积下了很多经验。据说，比亚迪生产锂电池时，对生产设备的要求更高，必须拥有无尘真空生产空间，当然，这也是一笔很大的费用。最终，他们把无尘真空生产空间改良为无尘厢式生产线，工人只需戴上手套伸入无尘环境中就可实现各项操作。而在汽车制造上，也有众多策略。比如，他们用一副不可拆卸式的门铰链代替了分体式的门铰链，前者单价 17 元，后者 32 元。类似的"成本智慧"渗透进每一环节，在半自动化生产模式中，为了保证人工的操作可以像机械手一样精准，王传福专门设计了许多夹具，成本却不过几元钱。类似的工艺小发明举不胜举。其实，这些工艺改进方法再配合半自动化模式，让比亚迪的产品质量得到了保障，而成本却明显降低了。这样，到消费者那里就成了高性价比的产品了。此时，成本减法变成品牌加法。通过思维转变，把成本技术变得简单而又省钱，这就是王传福带来的成本革命。

三是善于开道。企业要拆分每个细节，找到最大的成本源头，同时结合企业优势、产业特点等，找到突破成本魔方的关键策略。王传福认为，汽车与手机一样都是技术含量较高的组装行业，但和手机零部件模具相比，汽车模具对整个产品成本的影响力要多上数十倍。他曾到日本的汽车模具厂参观，日本工人们趴在生产线上打磨模具的场景让他感到震撼。"原来汽车模具中 95% 的工作要由人来完成。一辆汽车有一万多个零部件，这需要多少图纸、模具？这些工作在日本、德国要工程师来做，在中国也要工程师来做。所以人就是中国的优势。"王传福说。他算了这样一笔账，一吨模具，在日本要 8 万元，在中国仅需要 2 万元。在 2003 年 1 月收购秦川汽车之后的几个月里，王传福迅速收购了北汽集团的一家模具厂，成立了北京比亚迪模具有限公司。在王传福看来，这是一举三得的策略：节省大笔汽车模具委托设计和加工费用，继续提升自己的技术实力，赚其他汽车企业的钱。如今，不仅比亚迪所有模具来自这家企业，克莱斯勒、通用、福特、丰田的相当一部分模具也从这里采购。这种好事也只有王传福做得出来。其实，这只是其中一个小插曲。

王传福不断向上游延伸,通过逆向扩张,完成所有产品的自主化生产。现在,比亚迪汽车除了玻璃和轮胎,其他部件全部自己研发生产。这种看似庞杂费事的模式到底有什么作用呢?最大的好处就极大地节约了成本。无论是生产效率的提升还是物流运输的成本等等,都尽可能地节省了成本。

实际上,王传福的成本创新战略主要采取了下面六种形式:一是人工费用降低模式,通过招聘大学生降低人员成本;二是改进设计模式,通过非专利技术的集成,让设计成本最低化;三是材料节约模式,通过找到可以替代的低成本材料,以此降低原材料成本;四是生产创新模式,通过半自动化生产线组建,使成本远远低于全自动生产线;五是产品简化模式,通过新流程发明,让产品变得简单化;六是产业链条模式,通过构建全产业链,全面节省成本。事实上,这六种成本创新形式不是什么秘密,还有至关重要的两个战略是核心:首先,低成本文化已经渗透到比亚迪每一个细节、每一个员工。王传福的节俭就是:不该花的钱一律不花,但该花的钱也绝不计较。其次,王传福已经将低成本定为企业的竞争战略,比亚迪就是要做高性价比的汽车,这样比亚迪的每一个战略、战役和战术都指向这个目标,其效果自然好。

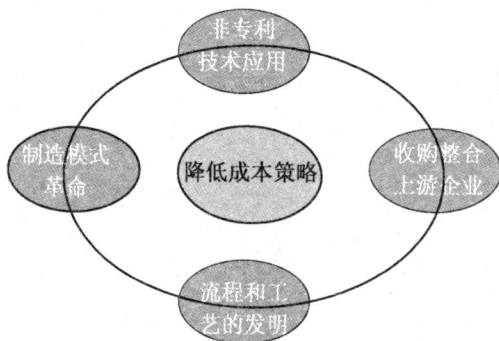

比亚迪成本创新模型

本章启示

成本创新的四个战略动作

对品牌车的模仿，没有哪一家企业能做到完全复制。有些模仿车之所以出了很多质量和品质问题，就是在技术处理上有欠缺。比亚迪对于影响质量和品质的关键技术环节处理得非常小心谨慎。考虑到成本问题，比亚迪采取了来自技术、管理的多种创新路径，从而获得了成功，也为后来者提供了参照方向。

一是在发展战略上形成企业成本文化。

我们不仅要学习王传福这种软性成本管控模式，更要跳出单一的成本优势管控——不仅要考虑成本优势，还要找到能推动企业长期发展的生命力，因为成本优势只是其中一个分支。因此，企业要构建具有一个体系化的企业生命力。比如，王传福构建了一个具有品质保证前提下的成本竞争力。同时，通过不断创新的产品技术和工艺流程细节，保持这个生命力能够常青。此外，还通过企业文化的引导，实现全员的成本管控的思想，让员工在每个细节上都关注成本，以此形成"成本文化"的思维模式。而这恰是一种体系，而不是简单的单点策略。也正因此，比亚迪的模式大家都知道，但是学不会，也因此形成了比亚迪独特的企业生命力。

二是通过技术突破寻找替代材料。

有时替代材料不仅能减少成本，而且还可以提高产品质量。例如，某光电组件生产商要为工人们提供一种可在装配线上使用的照明箱。如果用金属做成,花费 30 元。当公司转而用塑料箱时,只需花费 6 元,而且设备变得更轻,使用和安装更方便。最重要的是,顾客将其视为更好的产品。在比亚迪也是如此。比如,生产镍铬电池需要大量耐腐蚀的镍片,而镍的价格高达每吨 14 万元,如果改用镀镍片则每吨只需 1 万元,但品质会受影响。于是比亚迪的研发中心专门改造电池溶液的化学成分,使镀镍片不易被腐蚀,仅这一项改进镍原料的使用,月花费从 500 万～600 万元降至区区几十万元。还有,经研发改进后的比亚迪电池生产工艺流程简短有效,并容易操控。

三是让企业员工从"成本"变成"资产"。

员工是公司的资产还是成本?对于这个问题,不同的公司有不同的回答。有人曾总结道:企业的最大成本来自原材料和人。人员成本一直曾经让每一个企业困扰不已。如果将员工定位于成本,那么经济不好的时候必定要压缩成本。而联邦快递把员工定位成公司的资产,投资就可以升值。这种投资是多方面的,不仅体现在薪水和福利上,还体现在通过培训为员工提供发展机会等方面。P—S—P 的理念自联邦快递成立之初即成为公司制胜的法宝。P—S—P 即员工(People)、服务(Service)、利润(Profit),它的内涵是:如果我们关心我们的员工,他们就能为客户提供高品质的服务,而满意度高的客户能带给我们更多的业务,从而带来效益。这份效益再分享给我们的员工,从而形成一个循环。这个良性循环的过程,创造了员工、客户和公司之间的三赢局面。比亚迪也是如此,就像王传福所言,你把他看做工程师,他就是工程师。因此,王传福敢于给新员工机会,让他们在实践中学习。同时,更在通过薪水、平台、培训、学校等构成了独有的"家文化"让员工工作快乐、生活幸福。而工作愉快的员工也自然创造了发展契机——各种新车、铁电池、工艺创新等都不断涌现出来。

四是成本管控的最大原则是抓大放小。

在成本管理上，王传福和郭台铭的套路不同。台湾企业追求细节的控制，而王传福则是"抓大放小"。比如，富士康到外地出差的员工，回来报销时要求把每一张发票都要填清明细，甚至要注明起始点和终点。比亚迪没有这种规定，王传福认为，应该让员工觉得舒服，觉得企业没有跟自己斤斤计较。在王传福心里，从大处着手降低成本，比和员工一分一厘地计较这些更有效。像郭台铭购买了两架私人飞机的事情，王传福就绝不会这么干。为节省成本，比亚迪高层在参加底特律汽车展时，甚至在郊区租了一座房子。在比亚迪，包括王传福在内的所有公司高管和普通员工一样，出差一律坐经济舱。王传福的节俭就是根据他的价值观和评判体系，不该花的钱一律不花，但该花的钱绝不计较。

第八章

战略创新：产业链中的垂直整合

21 世纪的竞争是产业链竞争

郎咸平曾经表示，今天的国际竞争已经不是企业的竞争，也不是产品的竞争，而是进入到了一个前所未有的、一个全新的产业链的战争市场。实际上，这已经是企业战略问题，而不是简单的战术组合。

关于链式竞争本身不是一个新的话题，盛大在整合游戏、文学、音乐、影视等众多产业链上游资源后，进一步整合终端；中粮、新希望在做农牧业的全产业链；雅戈尔将业务链条触及到服装产业的所有环节——棉田、印染厂、棉纺厂、制造厂、物流中心、零售终端等。为什么此时企业界爆发式地一致对产业链整合摩拳擦掌？其一，该模式具有差异性和创新性。全产业链模式是一种创新的商业模式，具有显著差异化特点，可以形成竞争优势，对手难以模仿。其二，具有很好的盈利和抗风险能力，可以带来较高的、持续的、稳定的、成长性的利润。其三，具有战略协同效应，整个公司形成一个有机的整体，价值链各环节之间、不同产品之间有利于实现战略性有机协同。其四，具有极具杀伤力的成本优势，由于内部协作、内部管控、内部供应，企业成本会低很多。

从根本利益上看，在产业链上实现链条衔接与融合的最根本性因素在于成本。而超越成本的产业链融合，就是背离企业追逐利润的本源性特征。而在制造业，一直有着垂直整合的战略模式。它是指整合一个产品从原料到成品，最后到消费者手中经过的全部阶段。当公司开始生产过去由其供货商供应的原料，或当公司开始生产过去由其所生产原料制成的产品时，这就是垂直整合。目前，垂直整合有以下三种模式。

一是纵向一体化模式。

1922 年，福特公司开始缔造它的汽车王国。福特首先收购林肯汽车公司，从此一发不可收，通过大量的并购交易，沿产品价值链向上、下游不断纵向一体化，以追求生产的"规模经济"，福特公司努力使自己成为一个汽车工业主要的制造商，而不是一个简单的组装商。垂直一体化组织应运而生，福特实现了从原材料到生产和销售整个物流的一体化，即供应、生产和分销一体化的集中生产，有效地把以前外购工作内部化，从而很大程度上降低了这些零部件的成本。同时，把外部市场订单转变成一系列内部市场订单，形成以订单为驱动力，上下工序与岗位之间相互咬合，自行调节运行的业务链，这既降低了交易成本，也提高了福特在生产价值链上的控制力。到 20 世纪 90 年代末，伴随着股市持续下滑、普遍的通货紧缩等原因，福特汽车开始将附属于它的零部件供应商分离出去，成为独立的分部。随后，汽车零配件外包模式开始流行。实际上，福特公司虽然做到了全产业链，但是如何实现最低成本的整合，却没有做到位，最后导致了成本上升，陷入了难以节省成本的尴尬境地。

二是虚拟整合模式。

垂直整合的思想被戴尔公司又做了延伸和创新，戴尔因此成为 20 世纪 90 年代最成功的公司之一。它的建立者迈克尔·戴尔结合了传统供应链的垂直整合和虚拟组织的特殊特征，创造出他所称之为的"虚拟整合"。戴尔完全是按订单生产，客户打电话来或者从网上下订单之后，才开始按照需求进行生产。这种生产和销售方式，使得戴尔可以按照顾客实际需求的变动不断地调整自己的物料需求，并通过信息系统和供应商共享这些信息，最终达到低成本的目的。戴尔中国客户中心数据中心的机房里数千台服务器 24 小时运行，客户随时可以通过网站，或者可以通过 800 电话下订单，这些信息直接进入数据中心，数据中心每一个半小时把这段时间内的订单统计出一张清单，上面列着分别需要哪些配置。随后，这张清单直接传到供应商的仓库，供应商把货发过来就放在这个仓库，由伯灵顿公司管理。伯灵顿按照戴尔传来的清单也需要每一个半小时给戴尔送一次货。伯灵顿接到戴尔的清单后在一个小时之内就能够迅速把货配好，不到 20 分钟就可以把货送达到设立中转仓库。实际上，戴尔的供应商不可能都在厦门，因此只有建立中转仓库，才能保证每一个半小时送一次货。客户的订单没有下之前，戴尔中国客户中心的车间在理论上是没有工料的，每个零件拉进来的时候实际上已经是有买主了，一旦整台机器组装好，马上就可以发货运走，所以戴尔的产品可以永远保持零库存。戴尔每一个半小时把清单发送给中转仓库的同时，还会发给供应商的总部，供应商会根据中转仓库里库存的波动情况确定要不要发货，并且根据这些信息安排进行生产。戴尔组装全部来自其他公司的零部件，但它与这些公司之间的关系却比传统的买方与供应商之间的关系更紧密。它并没有以垂直整合的方式拥有这些公司，但通过彼此联系和配合达到了同一目的，形成了"一个严密的合作供给链"。

三是前后整合模式。

汽车业有 100 多年历史，早已走过垂直纵向一体化制造的福特时代。目前，比亚迪采取了前后整合模式。其实，垂直整合有两种类型：与生产过程的下一步进行合并称为向前整合，与生产过程的上一步进行的合并称为向后整合。实际上，商业活动彼此之间的向前或向后取决于它们离最终消费者距离的远近。因此，垂直整合对公司来说是个很难做到完美的战略，但比亚迪却打破了汽车业旧规则，至少70％的零部件由公司内部事业部生产，以比亚迪F3为例，其零部件除轮胎、挡风玻璃和少数通用件外，包括转向、减震、座椅、车门甚至CD和DVD等全部自己生产。这在目前的汽车行业，是绝无仅有的制造模式。在实践中，比亚迪汽车的垂直整合战略最大限度利用资源，节省成本，造就了产品性价比优势，在频频掀起价格战不断改写业界价格底线的前提下，比亚迪汽车在成本上还可以将对手远远甩在身后，这不能不说是前后整合模式的成功。或者换一句话说，比亚迪的前后整合模式也恰恰验证了郎咸平的"产业链竞争"理论。

通过上面的一些描述，我们会发现：早期福特公司的纵向一体模式，关键是没有随着市场变化而进行创新和变革，只采取一种陈旧的成本计划。而戴尔公司采用的虚拟整合模式，显然更适合小物件产品，对汽车等产品往往是不太适合的。在这样的背景下，比亚迪为制造业提供了垂直整合的范本，找到了一个全新的竞争方式。

案例·大产业链战略：垂直整合的发展魔方

我们研究早期的IBM就会发现：IBM在世界计算机市场上的优势，在很大的程度上来自于IBM的价值链布局所形成的强大组织体系，这种组织体系是在设计、生产、销售和维修大型商业计算机的长期过程中发展起来的，而对于产品创新IBM并不是最优秀的，个人电脑的关键生产技术都不在IBM手里。同样，比亚迪也正在做产业链的创新组合。

在电池行业，比亚迪内部流传着一个玩笑："Intel 是 Intel inside，我们是 BYD inside。摩托罗拉、西门子、诺基亚，大家都知道，但是没人知道打开它们的手机，里面到处都是比亚迪。"而这种"玩笑"已经开始在汽车领域出现。比亚迪采取的垂直生产模式，就是朝着这个方向行进，这不仅颠覆了行业规则，也开创了低成本发展的蓝海。

王传福认为，从上游到下游垂直整合产业链才是王道。在王传福之前，大家都按照一成不变的既定思路做汽车：向意大利的设计公司购买设计图纸、到日本的模具厂开模、向阿尔文美驰购买底盘……这种生产模式，就像大厨炒菜，需要提前去市场购买蔬菜、肉品，甚至直接购买半成品加工一下就可以上桌了。按照一般思路，企业需要尽可能高比例地对外采购装车零部件，以此强化生产效率和分散投资风险。而王传福却开始了违反常规的尝试——一步步向上游延伸，通过逆向扩张模式，完成所有产品的自主化。

实际上，这需要极高的质量控制体系。为了保障自己生产的适应性，同时也从成本角度考虑，比亚迪自己动手做设备，包括模具、夹具的制作，喷涂、测试和组装生产线设备。这被王传福称之为"垂直整合"中的"前向整合"。王传福对媒体说："我们 F3 双模电动车的所有生产设备都是比亚迪自己设计制造的，这和日本工厂不一样，它们所有的设备都是采购，因此会比我们落后很多年。"而像产业链中其他零配件环节整合的方式，则是"后向整合"（即逆向整合）。目前，除了汽车轮胎和玻璃，比亚迪具备了几乎所有核心零部件的自主研发生产能力。为什么要这样做呢？王传福表示："虽然产品的毛利率低一点，但公司整体毛利率并不低。比如我们汽车的毛利率在 18% 以上，我们整车的毛利率只有 4%～5%，因为我们把所有环节都做了，一旦加起来整体毛利就很高。"由此可见，王传福的战略目标还是降低成本。"我们的保险杠做好后直接运到组装车间,装上车的时候还热着,而一般企业仅保险杠的包装费和运输费就非常可观。"比亚迪总裁王传福给曾经这样做说明。

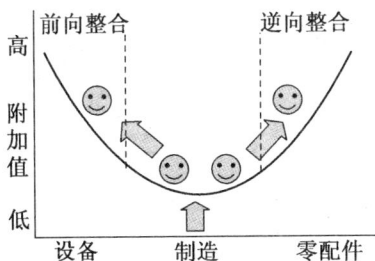

比亚迪生产创新模型

在这套垂直整合模式中,王传福非常清楚其发展的前提是什么,那就是研发设计。只有打通了自上而下的所有环节后,比亚迪就可以在内部对各种零部件的成本进行调整,把利润的控制权掌握在自己手里。我们以电池制造为例,比亚迪的客户曾经进行过这样的比较,同样的一个方案交给比亚迪和单纯的 EMS 企业相比,比亚迪的成本要低 15％～20％,完成的速度要比别人快 1/3。这当然有些夸张,但王传福说的"这个差价就是利润,就是竞争力"却是事实。如果是企业进行外购零部件,一般需要备足 5 天的库存量。而在比亚迪,只要当天下午 2∶30前下第二天的订单就可满足生产计划,因为各总装车间都有依附其中的零部件车间,就像一家人一样,随时可以安排工作计划。这样,自然大大减少了库存、物流等人力和物力。

在一次内部讲话中,王传福称:比亚迪汽车产业的战略和战术与国际通常的做法完全不同。国际汽车产业讲究专业分工,讲究小而精,比亚迪讲究垂直整合,讲究大而全。这种看似庞杂费事的模式到底有什么作用呢? 其直接效果就是大大节省了成本。生产效率的提升，物流压力的降低，都等于节省了成本。就像比亚迪介绍的那样："如果是外包，想要改动汽车上的一个零部件或者设计方案，就要不断地与客户沟通方案，之后再实施，其周期和沟通成本可想而知。但是如果比亚迪遇到这样的事，也许一次集体会议就解决了。"王传福认为，只有这样才能保证比亚迪汽车的低价优质。因为上游供应商的利润，对自己来讲就是成本，必须严格控制利润的外流。有数据显示，仅仅在汽车领域，比亚迪启用自主研发的汽车冲压设备 360 项，调试自主研发的汽车焊接设备 825 项，安装自主研发的汽车涂装设备 656 项，整合自主研发的汽车总装设备 412 项。

除了设计外，垂直整合模式的另一个关键就是零部件模具的开发制造。早在 2003 年 5 月，比亚迪就与北京吉驰汽车模具有限公司完成资产重组，成立全新的北京比亚迪模具有限公司，建立北京比亚迪工业园。这家原来隶属于北京吉普的企业，拥有雄厚的技术力量。收购后，北京模具厂得到了扩建，而且还建起了一条国际领先的注塑线，这是国内很多模具厂都不具备的能力，这也是王传福在开始造车的同时布局模具制造产业的根本原因。

此外，王传福还将视野辐射到新兴战略行业。比亚迪现在的电池业务包括几方面：一是手机部件；二是电动汽车；三是新能源（风能、太阳能）。特别是随着对电池的深入研究，未来甚至可以"削峰填谷"（储能电站）。多年前，比亚迪就开始研究风能和太阳能。在新能源领域，比亚迪的产业链很长，从矿石、工业硅、高纯硅、多晶硅、切片、模组、安装、太阳能电站等，到太阳能电站里的电池补偿。在这个产业链中，核心亮点是用"比亚迪法"提炼"6 个 9"（纯度 99.9999%）的多晶硅，这是非常便宜的方法。低廉的成本，加上比亚迪整个产业链的"垂直整合"，和电池功率补偿——没有电池补偿，建太阳能电站毫无意义，这一点绝大多数人都还没有能看到，比亚迪看到了，而且做到了，并有实验基地和实验数据。比亚迪的优势就在这里。"垂直整合的经济学解释就是资源的最优配置,发挥资源的最大值。比亚迪垂直整合的程度不是一个固定值,而是一个多元的函数。函数中的技术、资本、劳动力、原材料价格等因子的变化,都直接影响比亚迪垂直整合的程度。"北京大学光华管理学院副院长武常岐表示,比亚迪垂直整合战略更大限度地利用了资源,节省了成本,造就了比亚迪产品性价比优势,有利于提高比亚迪产品的竞争力。

郎咸平在《产业链阴谋》一文中,用一个非常经典的例子说明了中国玩具企业在全球产业链中的弱势和被动地位:一个芭比娃娃在我国的出厂价是1美元,在美国的沃尔玛零售价格是9.99美元,那1美元,原料占了65%,生产费用接近35%,那么我们能赚多少钱?几美分了不起了!玩具企业不停地剥削我们的劳动者,浪费我们的资源,破坏我们的环境,却用仅仅1美元的价格卖到美国去,而外商最后却以9.99美元的价格卖给消费者,席卷了大部分的利润。王传福构建了产业链模式,形成了垂直整合后,不仅从成本利益出发,节省了企业更多成本,而是从价值出发,也为消费者提供了高性价比的产品。

英国管理学者克里斯多夫说:"市场上只有供应链而没有企业,21世纪的竞争不是企业和企业之间的竞争,而是供应链和供应链之间的竞争。"对此,王传福更公开表示:"我们把比亚迪最强项的垂直整合能力、技术研发能力、材料、电池集于一身,进行大量研发,开发出一种'比亚迪法',从矿石到工业硅、高纯硅、多晶硅、硅片、太阳能电池、模组、太阳能电站,做一整套产业链的整合。"整合不是一种简单的1+1=2,而是一种智慧,企业家通过关注未来、深入市场的判断,形成一个不断延伸的智慧整合。面对未来,比亚迪找到了新的战略竞争力,并且做到了产业链过程的每一个细节创新,找到了成本和价值的双赢路径。现在,比亚迪走出了区别于IBM的价值链整合,并让每一个链条都具有战略竞争力。

本章启示

整合创新的三道法门

既然垂直整合模式有如此好处，为何众多商界精英正在偏离垂直整合、更多地依靠外包和专业化分工？专家们认为：一是因为国外的劳动力成本较高；二是垂直整合会增加公司固定成本的占有比例；三是垂直整合模式对管理的要求更高。实际上，很多企业很难做到比亚迪的成本、质量和效率之间的平衡。这中间需要很多管理上的投入、组织上的保证，也需要很多经验的积累，显然不那么容易模仿。

首先，整合不是1＋1＝2。

郎咸平认为，全球性的"产业链战争时代"已来临。而众多国际知名企业的实践一再告诉我们，产业链的优势决定了企业核心竞争力的强弱。实际上，王传福也是走出了产业链的发展路径。王传福曾经这样和富士康比较："我们有电池，有汽车，汽车里面有多少个技术，从大型模具大发动机技术，到压缩技术，空调技术都有，这些他全都没有，包括一些表面装饰的技术、喷漆技术他都没有。这两个产业实际上是互通的，这种技术拿过来以后，就是你的优势。实际上1＋1不止大于2，有的时候做得好能大于20。无限的创新就是从整合当中创新。"为此，比亚迪几乎没有外部供应商，比亚迪车上几乎所有部件都是他们自己生产的。但是，产业链并不是每个人都能创新出来的！有专家总结了王传福产业链成功思维：首先，进入产业链核心环节后，确保拥有绝对的技术优势。

王传福总能发现与其他竞争对手拉开差距的差异化技术；其次，借助比亚迪在制造业多年的经验和优势，移植或者自建一条产业链，将上游核心环节的技术，在下游大规模应用、获得市场肯定、树立品牌后，再对上游核心环节进行反哺。两点道出了产业链成功的秘诀。

其次，要从简单整合做到构建竞争优势。

实际上，企业最后打拼的就是谁有核心竞争力。因此，企业进行优势资源整合后，就需要进行组合聚变——构建核心竞争力。也就是说，企业不仅要学会找各种资源，还要学会转化成竞争优势。那么，如何形成竞争优势呢？第一步是聚集优势资源，包括产品、技术、人才、资金、设备等。从中找到企业最核心的，或者对手最薄弱的资源。第二步是构建优势能力，通过整合、创新等策略，形成可攻可守的优势资源。也就是既可以针对竞争对手展开进攻的竞争力，也可以针对行业竞争建立严密的防守工事。这才是核心的竞争优势。其实，王传福构建的全产业链模式，也是想通过这个模式打造比亚迪独一无二的核心竞争力——成本，以此才能生产高性价比的产品，甚至能保持领跑者的位置。

最后，最大的创新就是思想整合。

在市场竞争中，每一个企业家所掌握的企业资源、所处的环境都是不一样的。因此，不同环境下所整合的资源也必然会有不同的选择模式。此时，就需要企业家能够做到思想整合，形成无疆整合。比如将传统生产工具夹钳、工人、先进的设备的整合后，形成了"工人＋夹具"的半自动化模式。这不是简单的工具组合，而是企业家思想智慧的凝聚。当然，这些思想的整合都必须以消费者为中心，并充分结合企业的资源，整合一切可以整合的资源，而不是简单地组合。需要注意的是，在企业的不同时期，资源的组合应该也有不同的侧重点和不同的组合方法。

第三部分
创新陷阱：十字路口的五色灯

机会伪装成陷阱，陷阱伪装成机会

王传福曾经说，人生像攀登一座山，而登山寻路却是一种学习的过程，我们应当在这个过程中，学习笃定、冷静，学习如何从慌乱中找到生机……实际上，王传福的每次转型都面临着众多机会与陷阱交织的选择，而王传福总能找寻到机会、避开陷阱，甚至还能从看似陷阱中找到隐藏的机会。

1995 年，王传福看到了这样一条消息：世界电池制造大国日本将放弃镍镉电池的生产制造。头脑机敏的王传福立即意识到，这必将引发镍镉电池生产基地的国际大转移。时任比格电池有限公司（中科院在深圳成立的公司）总经理的他发现了这个机会，并决定抓住这次机会。但创办这项业务需要较多的资金，王传福当时找到自己的表哥吕向阳，向他借了 250 万元创业资金，注册成立了比亚迪科技有限公司。

随后，似乎陷阱开始出现了。当王传福带着 200 万元人民币去日本买设备时候，结果日方开口就是 500 万美元，王传福根本买不起。已经没有退路的王传福，被迫开始了创新。他采用了一种与机器人作业完全相反的生产方式,把电池生产工序分解为一个一个可以人工操作的步骤,然后再用一种特制的夹具,消除人工作业造成的误差。这样,既解决了电池生产线成本高昂的问题,又利用了中国人力资源成本低廉的优势。两者集合,完成了对手难以逾越的低成本生产模式。此时,王传福才算真正抓住了机会,并做到了切实落地。凭借巨大的成本优势,比亚迪迅速成为与三洋、索尼比肩的全球第三大电池供应商。

虽然在海外市场能够不断地攻城拔寨,但专利却成为阻碍比亚迪快速发展的最大阻力。就当比亚迪在市场上一路绝尘时,三洋、索尼纷纷以侵犯专利为由,将比亚迪推向风口浪尖。此时,有人又开始怀疑王传福的制造模式,甚至认为这是很深的陷阱,而不是机会。正基于王传福的不服输精神和聪明的规避做法,诉讼的最终结局却是,三洋和解、索尼败诉。王传福再一次把陷阱变成了机会,官司让比亚迪品牌更响亮了。

其实,机会中随时蕴含着陷阱,陷阱中随时蕴含着机会,这就是商业逻辑。这也是王传福能够成功的商业逻辑——他深谙其道。他在陷阱中找到机会,或者把陷阱的突破点扭转成机会;他在机会中探索陷阱,从而规避陷阱,更进一步通过战略复制,形成新的机会。

进入 2002 年,比亚迪在手机电池领域已经确认了自己的领跑者地位。同年,比亚迪股份在香港上市,筹集了大量资金。看到比亚迪的成功,很多人认为二次充电电池是机会,于是很多人满怀激情地加入竞争。此时,王传福已经看到风光的背后——电池行业出现了新危机。电子产品的持续降价,将是无可逃避的市场趋势。比亚迪的大客户是手机厂商等电子产品制造商,它们产品价格在不断下跌,势必对比亚迪的利润构成压力,二次充电电池的价格已经接近赢亏线。很显然,看似庞大机会的手机电池领域已经出现隐形陷阱。

此时,王传福开始寻找新的机会。当时,雄心勃勃的比亚迪准备去美国收购一家 IC 晶圆芯片制造商,进军微电子领域。但由于政府等方面的原因,对方在签约前一天毁约。进军微电子领域失败后,比亚迪选择了旁人看似充满陷阱的汽车业。但王传福不这么看,他喜欢从陷阱中看到机会。王传福的逻辑很简单:要找一个玩家少一点的、门槛高一点的、竞争程度相对低一点的行业进入。"想来想去,只有汽车。现在是进入的最佳时机。"王传福说,"在 2003 年的时候,我发现马路上跑的大部分是合资品牌的汽车,觉得这在具备低成本制造优势的国内市场上,还存在着很多的机会。"

2003 年,比亚迪通过收购秦川汽车开始涉足汽车制造。收购秦川汽车之后,王传福面临的第一个考验不是汽车市场,而是资本市场。消息公布后,股价立即就遭到腰斩。王传福还接到了基金经理的电话威胁:"要把比亚迪抛死。"此时,看似机会,而里面又隐藏很多陷阱。此外,资金是困扰比亚迪的第二个考验。好在王传福已经盘算清楚,依然采取半自动化生产模式,并通过人海战术、非专利集成节省成本。王传福认为,一家技术型企业的崛起必然要站在巨人的肩膀上,在继承的原有行业技术基础上进行创新,是实现飞跃的最佳路径。因此,合法地规避已有专利,突破西方企业的专利封锁是极为关键的一步。由于在电池专利上已经积累了丰富的经验,王传福采取了非专利集成策略,并获得了成功。此刻,众多陷阱消失,机会凸显。实际上,所谓的陷阱往往需要人去解决和规避,否则陷阱必然不会成为机会。当比亚迪在传统汽车领域风生水起的时候,王传福再次看到了机会——新能源汽车。

2009 年 6 月,比亚迪电动车横空出世,铁电池随之浮出水面。随后,针对比亚迪的质疑声再次四起。但是这些都没有阻止住比亚迪的脚步,比亚迪全盘接手停产达一年之久的美的三湘客车项目、跟戴姆勒集团以50∶50比例注资的合资公司"深圳比亚迪戴姆勒新技术有限公司"等举措，每一个进展都让人们看到王传福在不断创造着传奇——把很多陷阱做成了机会。

"福乃祸之所依，祸乃福之所依。"市场日新月异，企业也必然会遇到形形色色的问题，像王传福遇到的这些问题，常常是机会中蕴含陷阱，陷阱中存在机会。其实，很多企业都会遇到类似的问题，现作如下归纳。

一是红色陷阱，也就是你的产品具有哪些防线，是否侵犯专利、是否不符合相关标准、是否符合相关法律规定等。在专利这点上，比亚迪一直行走在钢丝上，王传福就是通过非专利的集合，完成了市场的起跳。

二是绿色陷阱，也就是你的产品是否代表未来趋势。企业进入一个行业，或者创新一个产品，必须考虑其生命周期。这个产品是否代表市场趋势，能否引导未来。王传福通过传统汽车进入市场，以新能源汽车布局未来，就是一个经典的案例。

三是蓝色陷阱，也就是说你的产品距离消费者有多远。产品最终都要走向终端，因此产品必须考虑消费者心理。你的产品能否满足消费者需求，或者引导消费者消费。无论企业推出什么产品，都是要销售给消费者。因此，目标用户群最欢迎的才是企业最合适推广的产品。在进入汽车行业初期，王传福想得非常清楚，比亚迪的核心用户群是购买力10万元左右的普通大众。

四黑色陷阱，也就是生产制造问题。"河床决定河流的方向"，没有规模化生产，就无法迅速轰开市场。作为制造型企业，必须考虑生产制造模式，是外包还是自己做。这不仅关系企业市场定位问题，还关系企业发展走向。比亚迪定位高性价比，于是就通过半自动化模式、垂直整合等制造模式，以最大化节省成本。

五是紫色陷阱,也就是企业的营销环节。特别是在不对称的营销战中,企业必须学会"以正和,以奇胜"。就像王传福所言:"走别人的路再和别人竞争是没法竞争的,包括后面的汽车,你和别人一模一样的打法,你凭什么打赢?"

禅宗有一句话:"凡墙皆是门。"实际上,很多陷阱也是机会,只要企业家能够分辨,就能走向大成。

第九章

红色陷阱：你的企业距离安全有多远

让你的产品远离专利风险

2007 年，王传福在接受《中国企业家》采访时说："在汽车产业，坦率说我不会从头去做一部车，我们一定要站在世界比较领先的平台上去做。比如 F3，我们参照了一些国外公司的优秀品牌，我们使用它的非专利技术，把专利技术剔除掉。汽车是一个传统产品，发展了 100 多年，大的专利已经没有了，过期了，剩下的专利就是外观，我们把头一换、尾一换就没有谁的专利了。"其实，比亚迪汽车的快速发展，首先就是专利问题处理得好。通过非专利的集合，不仅不存在专利问题，还让比亚迪节省了庞大的研究成本。

在这方面，很多企业都做得不好，甚至是很多产业都没有做到位，这必然埋下很多的隐患。比如在 2006 年 2 月 9 日，欧盟的《打火机安全标准法案》（CR 法案）的新决议草案，最终以投票方式得以通过。CR 法案要求所有在欧盟市场上销售的打火机都必须配备防止儿童开启的安全锁，以防止因儿童意外使用打火机造成人员和财产损失，保障消费者的安全。同时，在产品的适用范围上，CR 法案将打火石点火的打火机排除在外，要求所有采用电子点火的打火机全面配置安全锁。这些规定对中国打火机企业将产生很大影响，温州每年生产 5 亿多只打火机，占世界市场份额近 70%，并且全球 90% 的电子点火式打火机都由中国生产。而 CR 法案要求的安全锁的知识产权，大多掌握在欧、美、日等国的生产商手中，企业如需采用必须缴纳相应的专利费。虽然中方安全锁的自主研发工作早已启动，但由于欧美企业为此申请了大量专利，中国企业至今没有找到专利缝隙，难以突破专利壁垒，只能购买专利技术，支付巨额的专利费，使生产成本大大提高。实际上，这些企业完全有机会构建自己的专利技术，或者采取类似"非专利"集成的创新智慧，而不是被动挨打。其实，这一事例也只是冰山一角，据不完全统计，截至 2008 年年底，我国企业因在海外遭遇知识产权诉讼而支付的赔偿金已达 10 亿美元。

综观我国企业在海外遭遇的知识产权诉讼，无论是思科与华为之争，还是索尼起诉比亚迪，都是跨国公司出于保护自己市场空间的竞争角度，通过挥舞知识产权"大棒"进行打压。实际上，专利诉讼基于其高额诉讼、天价赔偿的特点，已成为跨国公司拖垮、打压中国企业的不二法宝。虽然也有一些成功的案例，但基本上就是"小胜"：比如"海信"与博世西门子之争、"王致和"的海外维权战，这些都以我国企业的表面胜利而告终，但这也只是实施海外商标的案例。而很多关于技术专利的斗法，输掉的往往是我们。其实，这些都是来自法律、专利等方面的红色风险。当然，近年来的中国企业已经有所觉悟。比如在 2011 年 4 月 28 日，中国最大电信设备制造商华为在德国、法国和匈牙利对中兴通讯提起法律诉讼，指控其侵犯了华为的专利权和商标权。以往多是国外品牌诉讼国内品牌，这次出现了两个国内巨头的专利之战，至少说明国内专利意识增强了。专利一直是制造业的红牌，就像球场队员，红牌就意味着下场、出局，更多时候还要因此缴纳大量的"使用费"。因此，在红色陷阱中，首先就要注意专利风险。在这方面,比亚迪做得就很成功。首先,他们通过积极应诉找寻专利无效证据,成功阻击专利战,比如电池上与索尼、三洋斗法。其次,通过非专利的集合,有效地规避专利风险的同时,节省企业成本,快速进入市场。比亚迪在汽车方面的成功就是采取这样的模式。

长期以来,我国企业一直依靠廉价劳动力、低价成本优势走着一条"中国制造"的道路,并成为世界的"超级加工厂"。随着"技术专利化、专利标准化、标准垄断化"游戏规则的建立,我国企业必须不断加强自主创新能力,占领行业技术的制高点,变"中国制造"为"中国创造",否则就会遭受专利侵权处处挨打的被动局面。

实际上,除了专利等法律安全问题外,还有产品的质量问题。翻开报纸,打开网页,我们经常会看到很多企业产品安全问题。在"快鱼吃慢鱼"的时代,很多企业过于追求速度,而忽略了企业产品的基本质量。产品质量是企业的生命,企业永续经营的基石在于产品质量,企业经营发展的战略目光,首先要放在产品质量上。因此,作为企业必须做到产品安全。对此,王传福曾经说:"搞产品制造的人都知道,一个产品的质量会受到各方面因素的影响,一般来说80%取决于这个产品的设计,设计定型了产品就定型了。而余下的20%则来源于制造上的一些变量,包括本身材质的一些变量,会影响这个产品的品质。"为此,比亚迪通过源头管控,提升产品的品质。甚至在2011年,比亚迪还提出了"有品质增长"。

管理大师彼得·德鲁克指出,顾客购买和消费的绝不是产品,而是价值。这个价值首先就是产品的质量合格,品质优异。作为消费多元化、选择多样化的时代,企业产品质量不合格的做法无异于玩火自焚。一旦消费者不再信赖你,不仅企业产品销量必然下降,还会受到法律的制裁。

实际上，企业安全包含着庞杂的内容，不仅是专利、质量，还有法律、税务等诸多方面。总之，企业距离安全越近，就会发展越顺利，走得越远。

案例·专利鏖战：一切技术都是纸老虎

对王传福而言，他似乎不停地在做一道道证明题："我可以，比亚迪可以"。而在比亚迪的发展过程中，它的每一个劲敌几乎都曾向它发起一场专利战，索尼、三洋无不如此。不论官司是发生在本土还是异国，比亚迪每次都是正面迎战，从不回避，并以胜利告终。

其中最经典的就是比亚迪与索尼的专利之战。

2002 年 9 月，三洋公司以侵犯其电池专利为由将比亚迪告上美国圣地亚哥法院。2003 年 7 月，索尼株式会社以侵犯其两项日本锂离子充电电池专利为由，将比亚迪告上日本东京地方法院。指控比亚迪侵犯其两项日本锂离子充电电池专利：特许第 2646657 号、特许第 2701347 号。8 月 26 日，东京地方裁判所向比亚迪发出索尼的起诉状、口头辩论日期及答辩书催告状。当时，比亚迪镍镉、镍氢产品的市场占有率早已位居全球第一、第二的位置，而在其入主时间不长的锂离子电池领域，比亚迪大有扶摇直上之势，很快就排到了全球第三的位置，产品 60% 出口，直逼三洋和索尼的欧美和日本两大海外市场。如此迅猛的发展势头，自然引发了巨头们的恐慌。

索尼起诉比亚迪，显然是有足够的优势，第 2646657 号专利是经过近 9 年的审查，于 1997 年 5 月 9 日被授权的，在该专利被授权后，1998 年 2 月 20 日起，汤浅集团株式会社、新神户电机株式会社、日立 Maxcell 株式会社三家日本公司曾对该专利提出异议，试图无效该专利。但最终并未能完全无效该专利，只是迫使索尼于

2000 年 4 月 13 日修改了自己主张的权利要求,将其保护范围缩小为现在的每 1Ah
设置 0.4cc 以上的空隙,并于 2000 年 6 月 6 日获得了特许厅的认可,并确定该专利
有效。

遭遇专利诉讼后,比亚迪积极应对。经过多次内部讨论,确定的策略是,用一
个办法,把索尼的专利无效掉。在日本《专利法》中,如果可以让它专利无效,自然
也就没有侵权问题了。而要让索尼的专利无效,就需要向日本特许厅(日本专利
局)提起专利无效宣告请求。2004 年 3 月 19 日,日本特许厅受理了比亚迪提起的
请求宣告索尼第 2646657 号和第 2701347 号专利无效的请求。比亚迪战术很明
确,首先是积极应诉,证实自己并没有侵犯索尼专利;另一方面,从根本上将其专利
无效掉,使其诉讼不攻自破。

由于比亚迪向日本特许厅提起了宣告索尼第 2646657 号和第 2701347 号专利
无效的请求,所以东京地方裁判所作出了暂时中止本案的审理,待特许厅对索尼公
司的专利权作出是否无效的决定以后再行审理的裁定。在此空隙间,比亚迪就开
始了艰苦细致的证据收集阶段。

实际上,能否在这场官司中胜出,就看能否取到在索尼申请的电池专利申请日
之前,有相同(或相近似的产品)在市场上公开销售或出版物上公开刊登的证据。
为此,比亚迪律师团在同行业中开始翻天覆地的打听、寻找,希望找到相关的资料。
工夫不负有心人,在 2004 年初,律师团到香港办理业务,得到某公司 8 年前采购的
电池已经达到索尼申请的每 1Ah 设置 0.4cc 以上的空隙标准的信息。律师团迫不
及待赶到该公司,仔细地打听情况。在该公司的热情帮助下,从代理销售的千千万
万个产品所开具的发票中,找到了一张淡蓝色的发票,上面写着:产品名称:××
×电池,数量 1200 只,销售日期:1997 年 1 月 5 日。比索尼申请专利的申请日
1997 年 5 月 9 日整整早了 4 个月零 4 天。也就是说,索尼申请的设计专利,在申请

日前就已经在市场上公开销售了。这是一个决定性的关键证据，足以使索尼的专利无效。随后，律师团又积极寻找其他相关证据，以增加更多的胜诉筹码。最终，共收集到的有效证据材料达124份。

有了大量证据材料的搜集和大量辩论文件的准备，比亚迪在美国阻击三洋就显得十分从容。在圣地亚哥法院的辩诉中，比亚迪律师团提供的24件证据和8篇专利对比文献所构成的证据链作出令人信服的辩驳，顺利地推翻了三洋向法院提交的对比亚迪的指控，迫使对方主动请求与比亚迪和解。2005年2月16日，比亚迪与三洋就两项锂离子电池专利的法律诉讼最终达成和解协议。同时，2005年11月7日，针对索尼第2646657号专利上诉案，日本知识产权高等裁判所作出判决，宣告索尼相关专利无效。

遭遇这些专利诉讼后，王传福迅速提出了比亚迪要进行专利申请的要求。从1999—2002年，比亚迪提出了近100项专利申请，其中60%是发明专利，40%为实用新型专利。2003年，比亚迪申请专利近120件；2004年，比亚迪申请专利近400件；2005年，比亚迪的专利申请量达到700件；2006年，比亚迪的专利申请量达到1000件……2007年以后，比亚迪每年的专利申请量都在1000件以上，同时不断地控制专利的质量。

由于有了电池专利方面的丰富经验，王传福在汽车制造方面也开始了智慧之战，既要借鉴成熟技术，也要规避风险。此时，与前期的专利之战而言，专利已经升级为战略智慧。事实上，这种两全其美的方案，确实是一种智慧。比亚迪F3声名鹊起，被业内戏称为"比亚迪花冠"，而丰田将起诉比亚迪的传言声也开始流传开来。对此，王传福对媒体表示："譬如说汽车的外观专利有5幅照片，前面、后面、侧面、正上方和斜上方，这5个里面都是相似的，你就可能是侵权的，但只要其中有一幅照片风格完全不一样，其余的完全一样也不侵权。"最终，一直被认为模仿车的比亚迪 F3,不但没有任何专利问题,还申请了 33 个专利。实际上,专利一直是困扰中国很多企业的难题,在这方面确实应该多学习王传福的智慧,通过创新智慧规避专利风险,并赢得市场。

当然,做到规避风险不仅需要智慧,还需要科学,这也是建立在专业化团队基础之上的。在比亚迪,有一个近 200 人的知识产权及法律部,其重要职责就是研究如何攻破对手的专利壁垒,并对比亚迪的各个产品事业部进行监督,随时告知哪些技术是必须要规避的。就像比亚迪的首席设计师廉玉波所说的:"我们每年要拆很多车。如果想用一种技术,先看有没有专利,有就调整,没有就拿来用。我们甚至做好了打官司的准备,而且 100% 不会让对手赢。"

实际上,我们不仅要看到比亚迪规避专利的智慧艺术和科学管理,更要学习比亚迪在专利技术上投入的人力和物力——王传福不仅能够智慧地规避风险,更能够以此注册自己的专利技术。通过占有专利和拥有核心技术,比亚迪不仅成功地突破技术封锁,成为全球电池市场上的领军者,更使比亚迪在传统汽车丰收的同时,将新能源汽车也快速投放到市场,并掌握了核心技术,拥有了更广阔的发展空间。

除了专利外,比亚迪一直对法律法规方面的可能风险高度重视,就像王传福所言:"一定要严格按照一些现行的法规,去做一些事,比如说税,像这些方面,在我们企业内绝对规范个人所得税,任何税都是一分钱不会少,任何人,从老总到下面任何人都不会少一分钱,这样你企业整个就很规范,按照一个游戏规则去做。"作为创业期的企业家而言,更应该学习王传福,一切都尽量规范,特别是涉及税务等基本社会责任,更应该规范化。实际上,只有遵纪守法的道德型企业才能走得更远,才能通向未来。

本章启示

如何捅破技术窗户纸？

12 集电视系列片《大国崛起》曾经让正致力于国家复兴和企业全球化的中国激动不已。但不容回避的是，其中相当一部分国家的崛起，后发效应居功至伟，而为了后发效应的实现，模仿创新扮演了举足轻重的角色，这其中最有代表性的当属美国和日本。作为企业也是如此，完全可以参照这个路径，通过模仿创新化解技术壁垒，冲破技术阻力。

一是勇于捅破技术的薄薄窗纸。

王传福说："很多企业因为不了解技术，就把技术想象成一种令人畏惧的高度，但实际上技术就像一层窗户纸，一捅就破。"其实成功也和王传福谈技术一样，都是一层窗户纸，一捅就破。在企业发展中，必将遇到方方面面的问题，企业能否向比亚迪一样，敢于挑战技术壁垒，并真正付诸勇敢的行动，这将是成功宽门和失败窄门的一念之隔。此外，要在充足的勇气中积极地寻找到市场破局之术，完成从勇气到实践的落地，这也是成功的关键。王传福表示，中国很多民营企业患有'技术恐惧症'，这种恐惧并不是天生的，很大程度上是被行业巨头吓唬的。他们会主动告诉你，前面已经有多少箱子的专利，然后不断地暗示你投资金额巨大而且风险巨大，自主研发成功率低而且很不合算，直到把你劝退吓退，抛弃勇气放弃努力。显然，国外巨头这一招在王传福身上并不奏效，他偏不信邪。当锂电池技术被日企垄断的时候，他带领比亚迪进入锂电池市场。当他宣布要进入汽车行业时，比亚迪股价大跌，但是他却说"再贵的汽车也不过是一堆钢铁"。结果，比亚迪运用自己的技术越战越勇，并找到了成功路径。

二是学会做核心技术的深入研究。

以技术为矛、专利为盾，通用、微软、丰田、索尼、诺基亚、三星等世界级的企业在中国做到了"不战而屈人之兵"。同样，因为存在技术恐惧，没有核心技术，中国只能沦为"世界工厂"。为此，很多中国企业家要么接受现实，埋头做最低端的制造；要么就转向具有更大利润空间的地产、金融等产业。对此，王传福却说："我看房地产行业这种暴利应该是暂时的，不会是长期的。但是长期来看，像制造行业，我们知道财富怎么积累，因为我们从制造业走过来，你只要有核心技术，利润毛利率还是很高的。"一语道破天机，中国企业必须学会做核心技术。这样，才能破解制造业的"紧箍咒"。在做电池的时候，王传福发现：电池实际上是一种简单的组装产品，从上游原材料供应商手中买来电芯，购入一些其他的元件，即可组织生产。因此，能否生产电芯实际上是超越这种低端竞争的关键。于是，王传福一开始瞄准的就是电芯。最终，电池技术上的突破使比亚迪顺势进入手机代工市场和汽车制造市场。尽管对汽车一无所知，比亚迪却可以做新能源车上的电池，而电池一向被人们看成是新能源车的心脏。最终，核心技术铁电池横空出世，让比亚迪能够纵横国际新能源车市场。事实证明，核心技术是命脉，中国企业必须敢于，并学会研发核心技术。为了形成各个环节的核心技术，王传福采取了人海战术，依靠中国庞大的、廉价的人才资源，不仅在各事业部设有研究机构，还专门成立了中央研究院。

三是善于规避技术本身带来的风险。

王传福认为，拷贝的小智慧体现在对专利侵权的规避上。在如何规避专利问题上，王传福给出的答案就是："一款新产品的开发，60％来自公开文献，30％来自现成样品，自身的研究实际上只有 5% 左右。我们大量使用非专利的技术，把专利技术剔除掉，非专利技术的组合就是我们的创新。专利需要尊重，但可以回避。"在快公司、快发展的时代，合法地规避已有专利，突破西方企业的专利封锁是极为关键的一步。比亚迪通过集合非专利技术，使 F3 成为中国最快突破 10 万台销量的自主品牌车型。由此可见，在面对常规束缚时，一定要学会规避技术风险，同时能够整合这些技术。实际上，王传福创造的黄金分割"60%、30%、5%"，也是实现快速、省力地规避专利技术的智慧。事实上，我国企业要学会在消化吸收国外先进技术的基础上，加强模仿创新，走日韩企业的技术成长之路，通过对竞争对手的核心专利进行改进，提高其技术效果，申请改进型专利，这是规避专利的一条有效途径。

四是超越复制进入技术创新阶段。

在大多数情况下，模仿创新者往往比率先成功者更成功，得到的回报更高。20 世纪 50 年代到 80 年代，日本汽车采取的是"拷贝"模式，比如丰田拷贝福特。进入 80 年代到 90 年代后，日本汽车进入"改变"阶段，有了真正的设计。对此，王传福曾经说："日本汽车是专业拷贝的典范，这种拷贝更重要的是研究内部的性能，你要弄清楚为什么这样设计，把设计的理念和内在关系弄明白。"事实上，从"拷贝"到"创新"是很多企业的成功路径。这些案例表面都在说明拷贝的意义，但更深层次是，在说明拷贝战略——模仿短期战术，创新才是长久战略。因此，企业不仅要会模仿，更要会创新。有专家将模仿创新进行了划分：按创新点分，模仿创新就可以分为产品性能改进型、工艺改进型、市场拓展型、移植型（把标杆的经验全面复制到另一个领域）等；按模仿点则分为启发型（通过模仿标杆受到启发，然后用于其他领域）、集成型（把不同标杆不同方面模仿点结合起来创新）、反求型（破解模仿标杆的工艺、设计等）、引进购买型（购买先进的技术或产品）和产业协作型（与其他公司一起模仿创新）。

第⑩章

绿色陷阱：你的产品距离未来有多远

寻找企业的"第二曲线"

纵观 30 年来的中国企业史，曾涌现出无数叱咤风云的商业精英，也出现过太多昙花一现的财富游客。这些昙花一现的企业，多是因为缺乏抵挡抵御未来发展的竞争力而衰落。

面对日新月异的市场变幻，企业必须能够掌控未来，并做好过渡发展的准备。简单地讲，一个产品（一个战略模式）都是有生命周期的，这就需要企业家们高瞻远瞩的规划未来，找到新的产品、业务等，以此让企业走得更长远。

管理思想大师查尔斯·汉迪将从拐点开始的增长线称为"第二曲线"。按照他的观点，任何一条增长曲线都会滑过抛物线的顶点（增长的极限），持续增长的秘密是在第一条曲线消失之前开始一条新的 S 曲线。在这时，时间、资源和动力都足以使新曲线度过它起初探索挣扎的过程。然而，这个时点又恰好接近顶峰，公司处于此时点也就是处于黄金时代。企业管理者很少有勇气在公司高歌猛进的时候转弯，或者创造新路径，投入充分的资源来培植一种短期内没有收益的业务。通常的情况是，直到现有的成长曲线明显下滑时，企业的领导人才想到另辟新的成长曲线。对此，管理思想大师查尔斯·汉迪警示道："当你知道你该走向何处时，你往往已经没有机会走了。"这个理论简单而言就是，无论这个产品利润如何的丰盈，都将随着一定的年限而老化，因此，企业必须随时准备变革，一旦时机成熟，就应该坚定不移地执行自己的新业务计划，避免旧业务跌进企业发展的低谷。

实际上，很多企业都很难做到。正如上所言，在很多时候，此时的企业风头正劲，利润丰盈，谁愿意冒风险尝试呢？当企业经过第一条曲线顶峰、开始走下坡路的时候，第二条曲线已经渐行渐远。柯达在 10 年前是民用胶卷市场的领头羊，企业在充满喜悦的心态下，忽略了数码这道第二条曲线，仍是拼命地构建民用胶卷市场，甚至在中国还收购了乐凯。在这种思想下，柯达被富士等企业瞬间超越，成为一个衰老的巨人。实际上，柯达早就研发出了数码相机。后来的事实证明，早在 10 年前柯达推出数码相机的时候，可谓是转型数码的最恰当时期，而柯达以自己的短视放弃了这个机会。与柯达遭遇类似困境的还有英特尔。作为计算机时代的巨人，英特尔一直执行通过打压对手来掌控市场的战略，结果在过度"战争"中忽略了时代变迁、需求变化，最终迷失在后 PC 时代。事实上，他们都是被市场所遗弃，在保市场份额的消极思想下，而忽略了未来。王传福在电池做到巅峰的时候，既没有采取对对手打压的策略实现领跑，也没有通过不断扩张来保现有市场份额，而是想到了未来——找寻第二条曲线。于是，汽车产业成为比亚迪的第二条曲线。当汽车成为比亚迪的第二条曲线时，王传福又快速地将汽车产业分作两个阶段，传统汽车既是比亚迪的第二条曲线，同时还是汽车产业中的第一条曲线，此外王传福又把新能源的电动车规划成汽车产业中的第二条曲线。这些具有危机感和敏锐感的战略思维，确实值得我们借鉴。

那么,企业如何做到思维超前呢?作为企业管理者,必须具有战略眼光。首先,要居安思危,必须早早地看到所从事业务的天花板,不断找寻新的发展空间、新的市场机会,找到"第二条曲线"。这就需要企业家做到五看:一是看国际大势。在市场营销、消费趋势上,国外的今天往往就是中国的明天。作为企业管理者必须有敏锐的思维,经常地了解国际市场趋势、国外消费趋势。二看国内市场。一定要深入地了解国内市场特点,特别是本行业的对手都在做什么,行业存在哪些弊端、问题。三看消费者。对消费者的了解和洞察,一定要跳出行业外,切实地了解消费者的真实需求。在这些需求中,哪些已经满足,哪些还没有满足,满足需求的企业还有哪些让消费者不满,等等。四是看国家政策。目前,国家有哪些新政策,或者哪些政策趋势等。只有深入了解,才能借政策东风。五是看自己。在这些信息中,哪些是自己能做到的,哪些是需要弥补的,自己还存在哪些差异化的市场机会,等等。

其次,作为创造未来的产品,企业家必须敢于创新、敢于面对新市场,让企业成为永不减缓的发动机,帮助企业脱离所谓的生命周期。就像美国企业家爱德文·兰德所说:"淘汰你产品的人应是你自己,而不是你的竞争者。"对此,汉迪还给出了三剂药方,以帮助企业家们尽早找到第二条曲线:一是更好、更快、更便宜的新技术;二是更智慧、更富有、更有选择性、更注重需求的新的消费者;三是更富发展潜力的新的待开发市场。

"预见未来的最好办法就是创造未来。"这话在很多需要辩论的场合经常被引用,但在实际中,创新所需要的巨大勇气和未知投入让许多人望而却步,但谁率先做到了,谁就能真正地引领未来。

案例·电动车：比亚迪未来的"第二曲线"

壳牌、BP 这两家能源公司多年来的主要业务是石油和天然气，并在这些业务中赚了很多钱。但他们没有将自己定义成一家"从油井里打油"的公司，而是将自己定义成"新能源转换的领导者"，为此他们在很多新能源领域进行大量投资。实际上，这就是基于未来的品牌规划和战略布局。

做企业品牌如此，做企业业务模块也是如此，必须看到未来。IBM 转型故事堪称最为经典的企业转型案例。2004 年底，IBM 甩掉 20 世纪 80 年代以来最富有标志性的资产，将其 PC 业务售与联想集团，被广泛视为告别传统蓝色巨人的转型之举。随后，蓝色巨人找到了一个价值 5000 亿美元的市场：不仅为企业提供与 IT 相关的服务，并进一步帮助企业改变商业流程，外包其核心业务以外的功能部门。实际上，多年来，PC 业务的亏损也影响了 IBM 整体的利润率。IBM 必须集中资源，对一些传统业务进行取舍与更新。于是，有了这次基于未来的转变。到 2005 年底，IBM 成为 IT 历史上首家年收入达到 1000 亿美元的公司。这就是"第二曲线"的魅力所在。

相对 IBM 的彻底转型，比亚迪采取了两条路并举的路径。首先，当全世界都在关注"电池大王"王传福如何所向披靡的时候，他却快速进入了完全陌生的汽车市场；然而，当人们津津乐道王传福携传统汽车业务在市场上攻城拔寨的时候，他已经在着眼未来——开辟电动车行业。其实，这两次战略动作，都是王传福基于对未来的布局。

2003 年 1 月，当时已是电池大王的比亚迪收购秦川汽车。外界反应几乎是批评声一片，甚至此举还被香港基金经理指为不务正业。对此，王传福则反驳对方只顾眼前利益,不知道为 5 至 10 年后的盈利做准备。当时他对《汽车商业评论》杂志记者说:"汽车动力电池项目将决定我们的未来。"实际上,王传福真正的着眼点不是传统汽油车,而是凭借在电池技术上的优势发展电动车,因为电池是电动车的灵魂。为此,他专门成立了研究项目组,专心研发电动车的电池。

2005 年 9 月,比亚迪 F3 上市,并迅速燃起熊熊的热销烈火,外界几乎忘记了王传福还在做电动汽车。但是 1 年后,也就是在 2006 年 11 月的北京车展上,比亚迪却突然展示了铁电池概念车。随后,铁电池技术横空出世。比亚迪特意提出了 ET-power(铁动力)概念。它是以其在电池领域里的最新发明"铁电池"为核心技术支持的新汽车动力体系。E 表示环保和电力(environment 和 electric 的首字母),T 表示技术(technology),power 则表示动力和能量的意思。同时"ET"众所周知还是未来和科幻的含义。此时,大家再次竖起耳朵,并投来不解的目光:比亚迪要做什么?

实际上,随着比亚迪电动车研发的深入,也面临了一些现实问题:首先,充电将是个大麻烦。即使在深圳,市区也几乎没有任何这方面的配套,唯一能找到的两个专业充电站就是比亚迪同南方电网合作的大运会配套示范电站。如果用普通民用电源为电动车充电,它 9 个小时的充电过程将是对耐心的极大考验。此外,由于产品刚推出,其所用电池也必将需要更新换代,目前在纯电动模式下,它只能跑 100 公里左右。面对这些现实问题,比亚迪采取了过渡产品策略,即先推出双模电动车,电用完了可以使用油,至少目前加油站还是星罗棋布的,加油更是非常容易。王传福说:"纯电动车时代有很多难以逾越的障碍,比如大规模的全国充电站,这不是一家公司可以做的。纯电动车电池又大,价格又贵,这也是一个障碍。也就是说两个障碍:密集的充电站和成本。比亚迪折中了一下,推出双模电动车。这个概念本身也有一定的创新。"

2008 年 12 月，全球首款混合动力汽车 F3DM 正式上市。这种花了 5 年、投入 500 名研发人员和逾 10 亿元人民币研发出的油电混合动力汽车可以像手机一样，在家用插座上充电，突破了电动车需在专业充电站充电的瓶颈，并可单独使用电驱动，最高时速 150 公里，续航里程达 100 公里。相比之下，当时掌握双模技术的另外两家公司——通用和丰田所销售的电动车，一次充电则只能行驶 25 公里。

在比亚迪 F3DM 双模电动车的发布会上，王传福认为，汽油柴油等不可再生能源在 21 世纪将会走入末路，新的替代能源的开发利用势在必行。在汽车业内，燃机时代即将走向结束，所有内燃发动机汽车生产厂所运用的那些技术将被终结，如四轮驱动技术、变速箱技术、燃油喷射技术等将会变得毫无用处。全球汽车也将进入一个新的驱动时代，电动汽车将会扮演中流砥柱的角色，而电动汽车并不需要诸如四轮驱动、变速箱、燃油喷射等技术。用王传福的比喻就是：就像上一次产业革命"电子表对机械表的冲击"一样猛烈。随后，F3DM 双模电动车在深圳面向个人销售。此外，还向投放深圳市场的纯电动出租车 E6。至今，累计运营里程数已超 200 万公里，接受了真实路况的全面考验。

在这样的背景下，比亚迪于 2009 年下半年完成了两大布局：首先是建成比亚迪惠州产业园，基地将担负起比亚迪电动车核心技术——铁电池的生产任务。此外，在 2009 年 7 月 25 日，比亚迪开始全盘接手停产达一年之久的美的三湘客车项目，并宣告在此基础上投资 30 亿元，在长沙新建新能源汽车生产基地，以承担年产 5000 台 B6、B9 纯电动大巴和 10000 台底盘的产能任务。2010 年 9 月 30 日，上述长沙基地生产的纯电动客车 K9，在巴菲特和比尔·盖茨的共同注视之下，缓缓下线。当日，长沙市政府跟比亚迪签下了采购 1000 辆 K9 的意向协议。好消息接踵而来，比亚迪与南方电网公司、湖南省电力公司先后签订兆瓦级储能电站合作框架协议。在此之前，比亚迪位于深圳坪山总部的 1MW 固定式储能电站项目、200KW

移动式储能电站项目都已通过整体验收。目前,纯电动大巴 K9 相继在深圳、长沙投入试运营。比亚迪已经逐步铺开新能源汽车的布局,成为国内乃至全球新能源汽车的领跑者。2010 年电动车大会,比亚迪提出城市交通电动化的战略布局,大胆构想个人用车、出租车、公交车等传统燃油车在未来将会被电动汽车全面替代,无污染、无噪音、零排放的"绿色"城市已经向我们迎面驶来。

对王传福的疯狂举动,日本《日经产业新闻》曾经评价道:"三年前王传福总裁提出比亚迪进入汽车市场的目标时,很多人只是付之一笑。而今,'环保车时代'在中国似乎有了实现的迹象。正在传统汽油车领域稳步前进的比亚迪说不定就是新一代汽车的黑马!"

在 2011 年第 14 届北京科博会中国能源战略论坛上,北京汽车行业协会会长、中国汽车工业咨询委员会副主任安庆衡透露,未来十年有关部门将投入 1000 亿元打造新能源汽车产业链。中国汽车工程学会副秘书长张进华表示,新能源汽车将于 2015 年真正走进百姓生活。安庆衡表示,最近由工信部牵头制订的《节能与新能源汽车发展规划(2011—2020 年)》,已会同有关部门联合上报国务院。根据规划,2020 年中国新能源汽车销量规模将达全球第一,新能源汽车或以纯电动为主。

除了将铁电池装在电动车外,王传福还开拓了海外市场,将电池技术应用到多个方面。2010 年 9 月 14 日,比亚迪跟美国洛杉矶市水电局签署可再生储能电网项目合作计划。此项合作将在位于洛杉矶特哈查比山的松树风力发电站安置 5～10 兆瓦的电能储存部件,这种效用类似于电池的储能部件,将会提高洛杉矶水电部的电能可靠度,并将可再生风能和太阳能结合系统融入到洛杉矶水电部庞大的新一代组合中。洛杉矶市水电局是美国最大的地方性水电公司,拥有 130 兆瓦(MW)风力发电厂和 5 兆瓦太阳能源站,为超过 410 万居民提供服务。此前的 8 月,加州通过的最新法案要求洛杉矶市将通过电力器械实现能源的存储，并规定这些共有设备在 2016 年之前投入使用。

实际上，这些信息都给王传福带来了无限喜悦，这也说明他已经做到了"走一步，看三步"。这些基础设施的配备和政策扶持，将大力推动比亚迪电动车的发展。而国际上的可再生储能电网的应用，又为比亚迪的未来发展开辟了新航线。由此可见，王传福的第二条曲线一直在不断地延续，指向未来。

本章启示

如何找到未来的"第二曲线"？

管理大师加里·哈默在《管理大未来》中说："人类被束缚在地球上，不是因为地球引力，而是缺乏创造力。"实际上，一个企业能够走多远，取决于其产品能否通向未来。只有不断创造通向未来的产品，才能让企业突破生命周期。找到创业未来的第二条曲线，你需要假设自己已经靠近第一条曲线的顶部了，这样才能够保证企业永远做到未雨绸缪。

一是创造力：发明"第二曲线"。

靠网上书店成长为互联网巨头的亚马逊，一直在努力寻找新的曲线。从成立开始，亚马逊就尝试将触角伸向众多十分陌生的领域，先后涉足网上轿车销售、进军移动商务、收购网上家常食品销售商 HomeGrocer.com 公司 35％ 的股份、斥巨资组建网上酒饮料超市 WinShopper.com……最终，逐渐成为在线零售业的领头羊。目前，亚马逊的创新探索仍在继续，不断创造全新的网络技术和商业模式，继续构建未来。亚马逊的实践告诉我们，没有现成的新曲线，企业必须"发明"新曲线。那么，如何"发明"新曲线呢？最关键一点就是——勇气。企业要敢于不断否定自己，随时抓住新的市场机会，为企业寻找未来顾客。实际上，不论企业生产或销售何种产品，都终将被淘汰。而随着消费的快节奏，消费者心理的快时尚等趋势到来，产品的淘汰速度比以往任何时候都快。因此，企业必须敢于自我淘汰，并自我创新市场。

二是竞争力：让未来照进现实。

近几十年来，由于同业激烈的竞争，许多一度是业界领导者的公司，如施乐公司、通用汽车、西屋电气、大众汽车等，纷纷采取行动，企图赶上产业前进的脚步。目前，能否创造未来已经成为企业战略竞争力的关键。作为长久发展的企业，必须学会"走一步看三步"。当王传福看到传统汽车市场的时候，也远见地看到新能源汽车的未来趋势，并做着积极的筹备，最终一炮走红。企业如何找到未来竞争力呢？一是看世界发展趋势，以此找到市场的未来走向。随后，根据企业的可控性资源进行落地。二是从国家政策出发，找到未来具有发展空间的产业。当然，企业可以采取两步走战略。既精耕现有的市场，同时从原先分散配置战略资源转向集中配置战略资源。就像王传福，一面快速发展传统汽车，一面深入研发电动车。

三是应对力：要敢于面对困境。

实际上，很多企业无法具备较早的意识，或者找到第二条曲线。因此，若企业遭遇危机，管理者必须敢于面对困境。1992年的IBM曾经濒临死亡，公司健康状况跌破了警戒线。董事长郭士纳大刀阔斧地裁员，甚至将IBM赖以成功的经营理念全部推倒重来，方使IBM在此后几年内重回良性轨道，进而成就了百年基业。这个鲜活的例子其实告诉我们，当企业面临发展危机时，只要敢于应对，淡定面对，就能找到全新的处理，即第二条曲线。

四是核心力：要让产品变绿。

进入 21 世纪，消费者更加理性，消费理念更加科学，越来越多的主流消费人群更加关心购买产品的环保性能，尤其是 80 后、90 后的消费者往往把环保指标作为购买决策的第一标准。购买的产品在生产过程是否环保，购买产品是否可以节省能源，购买的产品的企业对保护生态环境是否有贡献等，这已经成为未来的消费主流趋势。现代企业必须开始学着"染绿"、"漂绿"。在今后 30 年，面对气候变化，面对能源危机，如果没有绿色行为，不绿色经营，企业注定无法走远。

第十一章

蓝色陷阱：你的产品距离终端有多远

从"端战争"到"端战略"

商业战的最后一公里必然是终端，因为产品都需要通过终端走向千家万户。而决定终端命运的核心必然是顾客，没有消费者的产品也就失去了生产意义。

美国管理大师彼得·德鲁克，曾任美国通用汽车公司、克莱斯勒公司、IBM公司等国际企业顾问，他有一句经典名言："企业的唯一目的就是创造顾客。"从经济利益角度看，这句话简单而深刻，没有消费者问津，再好的产品也失去了价值，企业也随之失去了发展动力。顾客决定企业的命运，这是每一个企业都明白的道理，但是能做到深入消费者心理的产品又有多少呢？

被称为日本"经营之圣"的稻盛和夫集自己50年的亲身管理实践，将其经营哲学集中到充满智慧的语句："敬天爱人。""敬天"，就是按事物的本性做事，不违背常理；"爱人"，就是按照人的本性去开发产品，实际上，这个"人"主要就是消费者。

只要看过沃尔玛创始人萨姆·沃尔顿传记的人，都会看到这样的故事，这位亿万富翁到头发花白的年龄还经常在超市里趴在地上测量货架之间的距离，其目的很明显——如何更好地服务消费者，让消费者更便捷、轻松地购物。这种执著的精神又有多少企业家能够做到呢？就在我们把终端战从"端战争"升级为"端战略"的时候，真正能够做到关注消费者细节的企业，终会赢得市场喝彩。

实际上，无论是"端战争"还是"端战略"，其目的都是让我们的产品距离终端需求更近些，或者说让我们的产品距离消费者更近些！谁做到了，谁就成功了。但做到也并不容易，这就需要通过战略思维整合终端战。20世纪80年代末，在中国碳酸饮料市场出现了"水淹七军"（八家主要碳酸饮料企业除健力宝之外，其余七家都被"两乐"兼并，几乎是全军覆没）事件。一直到1998年，都没有人敢尝试生产中国人自己的可乐。在这样的背景下，宗庆后却要做中国人的可乐。经过长期跑终端，并潜心研究两乐在分销渠道上的空白点、中国消费者的个性化需求特点后，他找到了正确的市场切入策略："农村包围城市"、"中国人自己的可乐"。并根据消费群的特点做了跟"两乐"完全不同的细节创新。比如非常可乐的甜味是专门为中国农村市场设计的，"甜点让消费者觉着买到了东西"。这种对消费者的理解，是国外竞争者不会想到或者去做的。而在当时的市场售价上，非常可乐却比"两乐"还便宜5毛钱，让消费者进一步感觉到超值。此外，宗庆后还要求加强了喜庆祥和的产品诉求，"你乐我乐大家乐，有喜事当然非常可乐"。这些话深深契合了中国人重视喜气和好彩头的传统文化，这也正切合中国广大农村的市场需求。结果，在1998年6月，非常可乐一炮走红。最终，形成了"可乐"市场的三分天下局面。

由此可见，宗庆后完全是通过终端调研，深入抓住了消费者细节需求，从而获得了成功。实际上，哪个企业把终端用户需求放在了第一位，并做到终端用户的细节创新，哪个企业就赢得了市场掌声。对此，有人会说，消费者的真实需求只有他们自己知道。其实不然，能否掌握消费者的需求就看你是否下工夫去探究了。那么，如何寻找到顾客真正的需要呢？

首先，企业管理者要学会跑终端。在早期，宗庆后亲自跑终端几乎成了商界的佳话。作为百亿资产的"掌门人"，宗庆后十几年如一日的几乎只有一件事——长期坚持亲自跑市场。一年中，他有 200 多天在跑市场一线。今天，娃哈哈以超常的速度发展成为中国食品饮料行业的龙头企业。对此，他总结成功时说：这是在市场上跑出来的。他对市场的准确把握无不来源于跑终端和用户。

其次，企业管理者要学会换位思考。彼得·德鲁克说：即使一个成功的企业拥有了 30％的市场份额，还有 70％不是它的客户。企业就必须研究为什么这 70％的客户不买它的产品或服务。为什么这些客户不来买？他们想买什么？什么是他们的"价值"？这就需要换位思考。在很多时候，顾客与企业之间存在很多的信息不对称，因而产生需求对接障碍。因此，企业想要获得完整的顾客信息就要换位思考。简单而言，就是要忘记自己的身份，把自己完全当作顾客，融入消费环境进行体验。如果顾客改变了，公司也要跟着改变。这个前提就是，你必须会换位思考。

最后，企业管理者要学会反推法。我们还可以从为顾客提供问题解决方案的角度反推回产品的开发，以发现顾客的真正需求。比如很多消费者在选购家具时候，发现缺乏个性化的高性价比家具。于是，维尚家具就从为消费者提供个性化需求的解决方案出发，做到了为消费者定制家具的多种设计模式。

在企业发展历史上，很多企业在第一代创业者离开之后，企业就走向平淡无奇，甚至衰败。反观宝洁、3M 这样的公司，尽管历史悠久，却一直推陈出新，引领着行业发展的方向。其实，里面的奥秘并不难发现，那就是你的产品距离终端消费者有多远？在创业者时期，处于开拓市场阶段，企业还注重终端消费者的研究，当打下天下后就高枕无忧，坐吃山空了。结果，必然距离消费者越来越远。在现实中，我们也能看到很多企业虽然在营销概念上越来越花哨，而真正体现消费需求的产品就难觅其踪，这种"营销过度"型企业已经偏离了消费者需求轨道。目前，市场经济已全面进入了消费者时代。在消费者时代，一个重要的变化就是已经由产品导向走向了消费者导向，一切都是消费者说了算。因此，如何让企业（产品）打动消费者，距离消费者更近些是每一个企业家的课题，也是端战略的精髓所在。

案例·消费者"按钮"：比亚迪的成功细节

2003 年 1 月 23 日，经过三个月的火速谈判，比亚迪对外宣布与西安秦川汽车有限责任公司正式签订收购协议，收购秦川汽车 77% 的股权，比亚迪正式控股秦川汽车公司。随后，比亚迪开始自主研制新车。

在王传福的催促下，历时一年多，投入一个多亿，比亚迪研制出的第一辆新车 316 仓促下线，其正式名称是 F2。新车研发成功后，王传福显然极为兴奋，立即召集比亚迪在全国的经销商赶到上海评审。据媒体报道，当天下着雨，阴雨蒙蒙，似乎给充满期待和紧张的会议增添了几分沉闷。事实确实不尽如人意，从全国各地赶来的经销商看后，要么一声不吭，要么直接给予严厉批评，甚至还对王传福说："王总，这款车你们不要上市了，否则会把你们的牌子砸了。"F2 出师不利。当晚，王传福在公司的高层会议上作出决定：将 F2 永远封存，重新开发新品。在当时，公司高层中也有反对意见，理由是上亿元的开发费用不应白白浪费，至少得等回收成本后再说吧。但王传福说："做不好就不要出来见人。比亚迪做的第一款车,只能成功,不能失败。"作为经销商,是把产品传递给消费者的最后一道岗,他们不认可说明了产品距离终端还很远。这个问题不仅在比亚迪,在其他企业也是比比皆是。但是,出于成本考虑,甚至是"爱屋及乌"的思想,很多产品就在"凑合"中洒向终端,仰仗庞大的消费市场"强推"销售。最终,导致销售不畅,甚至砸掉了品牌。很显然,王传福看到了后果的严重性,断然否决了这种"将就"的策略。

那么,如何造出消费者(包括经销商)认可的汽车呢?随后,比亚迪开始了全新的消费者研究。而王传福也开始深入研究中国消费者细节需求,从制造"中国人的汽车"角度出发,寻找中国人特有的需求。首先,王传福发现,国外企业造车拿到中国销售,其车型都是按照外国的人体工程学设计的。实际上,国外的一些生活习惯、文化体现等,往往不太适合中国人。比如欧美车,后排都很小。因为在欧美,每个家庭都有好几辆车,上下班每个人都有车,它的后排只是放一些行李,或者放一些猫狗等宠物,一般不需要那么大的空间,甚至干脆只有两个门。但中国不一样,中国很多人买车往往是家庭的第一辆车,有时候是全家乐,第二排也要坐人,而且空间要大一点。因此,比亚迪习惯把第二排空间放大一点。同时,也由于中国人比较讲排场,而车目前在中国还属于奢侈品,因此车也要够面子、够大。从这些细节里面,王传福找到了成功秘诀:车型一定要有国际的气派,而车造得也要够大,排气量也必然要大,其价格却要相对较低,以此充分体现出超值。其次,王传福还发现,国外的很多成熟车型在国内还是深受国内欢迎的,如果采用国外成熟车型,将有助于快速赢得消费者的认可。最后,王传福发现:在当时,10万元以内的车型很少,特别是高性价比的车型在中国市场几乎是空白。

通过这些终端市场研究,比亚迪推出了"中国人的汽车"——基于中国消费需求的车比亚迪F3在2005年4月闪亮登场,其售价确定在7.38万元到9.98万元之间，主打中低端市场。对于比亚迪F3，很多人都这样说，从正面看上去是"花冠"，从后面看又好像是"飞度"。这种混搭式的设计模式，感觉是有点不伦不类，但放在F3身上却显得非常妥帖。实际上，在外观上F3与丰田花冠有90％的相似度，甚至内里的部分零部件都可以通用，但价格不到花冠的一半，确实是高性价比。上市仅20个月，比亚迪F3销售竟然突破了10万辆，成为最快突破10万销量的自主品牌汽车。王传福通过人们都有购买超值产品的消费心理，打破了当时几乎已经稳固的市场格局。

随后，我们看到的比亚迪汽车，大多是"模仿＋创新"的车型。从第一款新车F3开始，比亚迪后来推出的数款车型都复制了这种成功模式。微车F0高仿丰田AYGO的时尚风格，但价格只有4万左右；F3-R翻版上海通用凯越HRV，但售价只在6万左右；F6财富版则被业内称为比亚迪"凯凯定律"，即"凯美瑞的享受，凯越的价格"；而T6与保时捷外形相似度达98％，价格只有保时捷的1/8。正如上所言，这些能找到"影子"的产品更容易被消费者接受，因为这些外形体现了国际时尚感。对此，王传福坦然表示："我们不会从头设计一部车。汽车发展到今天已经有100多年的历史，四个轮子一个外壳，任何一部车都难免和别的车有一些相似的元素。"其实，这句话说明了比亚迪采取的是既是快速造车的模式，也是贴近终端的造车模式。为了规避由此带来的专利风险，比亚迪在每款新产品的开发上作了调整。大量使用非专利的技术，通过非专利技术的组合完成产品创新。随着车型增多和销量的扩大，比亚迪还推出了跑车、电动车等，从而形成了市场定位的全面区分，甚至还有人给汽车制造划分了一个新品类"比亚迪汽车"。这时候，已经有了品牌基础的比亚迪已经开始了全面的个性化设计。

彼得·德鲁克说，只有当顾客愿意付钱购买商品或服务时，经济资源才能转变为财富，产品才能转变为商品。企业认为自己的产品是什么，并不重要，对于企业的前途和成功尤其不那么重要。而顾客认为他购买的是什么,他心中的"价值"何在,却具有决定性影响。换句话说,顾客的看法决定了这家企业是什么样的企业,它生产的产品应该是什么,以及它会不会成功。因此,在竞争越来越白热化的红海市场中,唯一的蓝海策略就是——比对手更贴近终端,更贴近消费者。这样,消费者认可你了,你自然也就建立了基于自己核心力的市场"领海"。就像比亚迪一样,虽然业内对比亚迪存在诸多非议,甚至讥笑、批评,但是并不能阻止王传福快速发展的脚步,因为消费者认可比亚迪汽车!

本章启示

如何打赢你的终端战?

消费者到底需要什么样的车?对这个问题仁者见仁、智者见智,其讨论从未停过。不过,正确答案还得从市场中得来,由消费者说了算。很多国际品牌企业进入中国,之所以成为车型的"常青树",关键是其车型审美观最贴近消费者的需求。但为什么比亚迪能够在国际品牌的市场封锁下撕开裂缝——还是因为比亚迪更能满足部分消费者的细节需求。消费需求变化无止境,企业"因需而变"必然无止境。那么,如何距离终端更近,打赢企业终端战呢?

一是国际特色,中国文化。

从娃哈哈的非常可乐案例中,我们知道:由于文化差异,以及不同消费层的差异,制造"中国人"的产品也是有差异的。此外,我们从比亚迪的案例中也不难发现：在"世界是平的"趋势下，世界流行已经变得一体化、透明化，企业完全可以在充分了解本土文化特征、消费心理和情感需求的基础上，快速吸取国际时尚特点，做到既体现本土思想，又能满足消费者追求国际潮流的心理。最终，拉近了企业与消费者的距离，做到产品设计、销售价格等都最适合中国消费者。王传福是如何做到的呢？其实很简单。准确分析市场及消费者的需求特点，以不同寻常的独特视角"抓住症结，对症下药"。作为中国市场的产品，一定要做到"是世界的，更是中国的"。

二是走出创新误区，跳出需求陷阱。

根据《哈佛商业周刊》的统计，企业在营销创新上的成功率低于11％，这意味着大量以创造和开发顾客需求的行为是错误的、失败的。据有关专家总结，创新失败原因主要有两个方面：一是消费者需求研究主观化。很多企业管理者都认为：我们要开发一个全新的商品，这样没有竞争对手。但是，带来的必然是缺乏市场的客观环境，导致产品推出后不是没有生存土壤，就是消费者不认可。比如，王传福借助国际市场车型模式，很容易获得消费者认可，也就容易形成终端销量。二是技术研发陷入技术极端化。随着市场发展，很多企业开始加强了技术研发。实际上，很多企业很容易陷入先进的技术怪圈。他们认为，最先进的技术一定能创造出最好的产品，最好的产品就等于消费者的最终选择。但在很多时候，这样的产品叫好不叫座。比如铱星计划就是美国摩托罗拉移动通信系统的一次重大技术革命，但技术的优势却没有带来企业的成功。一个技术创新必须有好环境——恰当的时间和恰当的地点。比如王传福主导研发的电动车铁电池技术，恰好诞生在"低碳、环保"的大环境下，且有国家政策的全面支持，以此形成了具有高性价比的产品。这样，产品与终端消费需求再一次贴近了。

三是坚持产品质量，增强企业健康。

任何忽略产品质量的企业，迟早会被消费者所抛弃。因此，构建基本的、扎实的质量管控体系是每一个企业义不容辞的责任和义务。在早期，在比亚迪与摩托罗拉等国际大客户的电池合作中，王传福就已经认识到：品质是产品的生命，更是企业的灵魂。凭借比亚迪电池的质量，王传福成为"电池大王"。在比亚迪进入汽车领域的时候，王传福谈的最多的话题也是质量、品质等方面。比如王传福所言："企业发展壮大起来，最需要的品质就是扎实和稳健，最需要认真的态度，否则我们就无法巩固我们的市场，无法扩大我们的品牌影响力。"按照王传福的思维，企业首先要打好基础，也就是产品在生产前就要做好准备工作，包括工人对品质的理解、品质管控制度、企业的品质文化等。此外，在追求终端所需求的高性价比目标时，王传福也与很多企业不一样："我们要找到一个品质与成本的结合点，不是完全盲目地追求高品质，也不是不顾品质地追求低成本。"实际上，很多企业恰恰忘记了这点，一味满足终端低价需求，而忽略了品质。殊不知，终端需求是高性价比，有低价，还要有品质。

四是研发满足顾客，营销创造顾客。

有数据表明，惠而浦产品的失败率在同行业中最低，平均单品销售量却是业界最高。这是什么原因呢？关键在于他们总扮演着顾客、思考着顾客、代表着顾客，有这样的立场与思维，怎么能得不到顾客的认可？因此，首先要善于找到消费者的真实需求，甚至是个性化需求，再把这些需求拿出来，通过解决方案予以解决。同时，企业要总结出来，告诉消费者，以此吸引消费者。这是满足顾客策略。比如比亚迪在设计上的细节传播策略，一再告诉消费者比亚迪如何满足消费者的细节需求。其次，顾客的购买行为有时也是非理性的，这就要求我们学会"创造顾客"策略，注意诱发顾客潜在需求，取得顾客和企业的"双赢"局面。因此，企业在完成"满足顾客"的同时，也可以通过个性化创新，完成"创造顾客"的推广。这依然有一个前提——一定要结合市场环境。消费者对苹果产品的普遍印象是，看起来、摸起来、用起来都很舒服，虽然很多创新并不是划时代的，却能够让用户在使用产品过程中获得愉悦。其实，比亚迪汽车也在创造这种氛围，力争通过五官感受，让消费者实现愉悦购买体验。实际上，这也是"满足客户"和"创造顾客"需要注意的环节。

第十二章

黑色陷阱：你距离创新精神有多远

创新是企业家特有工具

彼得·德鲁克在《创新与企业家精神》一书中指出："企业家"的基本含义是在社会和经济活动中，"最重要的任务是做与众不同的事，而不是将已经做过的事做得更好"。也就说，企业家的本质就是创新。苹果公司创立者史蒂夫·乔布斯就是具有创新精神的企业家楷模，其市值接近微软、惠普、戴尔三个传统IT巨头的总和。现在，这个十几年前濒临破产的"烂苹果"，已经做到今天的"以一敌三"，"创新"就是其成功的密码。

纵观工业经济发展的历史，凡是真正取得成功、卓有成就的企业家，无不极富创新精神并不懈地开展创新活动，这已被无数的事实所证明。本田公司创始人大久保睿所构建的"本田精神"就特别强调创新，他把"本田精神"归结为三大观点："人要有创造性，决不模仿别人；要有世界性，不拘泥于狭窄地域；要有被接受性，增强相互的理解。"同样影响着世界企业管理的索尼公司创始人盛田昭夫则强调"永不步人后尘，披荆斩棘开创没人问津的新领域"，"干别人不干的事"。他在《走向世界》一书中把开拓新技术称为"求生存的手段"和"企业生存之路"。类似的企业家比比皆是，萨特·沃尔顿创造了沃尔玛，他的成功在于他倡导新观念，重视试验和革新。他建立具体的组织制度，以推动革新和进步。沃尔顿把接受新理念的精神传给了自己的继承人，使公司在他去世后仍得以长盛不衰。总之，没有企业家的创新精神，企业就无法打破僵化、过时的旧体系，更难以开创企业的新局面；没有企业家的创新精神，既不可能产生企业的核心能力，也不可能产生企业高效率的组织形式、管理方法和先进制度，更不能产生新的市场机会。

纵观中国企业史，没有创新精神，就不会有柳传志、牛根生、王传福等企业家，更不会有这些快速成长的企业。创新是企业家的本质特征，也是企业家的精神灵魂。从一定意义上说，企业家之所以成为企业家，很大程度上取决于他们的创新精神。那么，什么才是企业家的创新精神呢？一般要体现以下三个方面：一是企业家能够发现一般人无法发现的市场机会；二是企业家能够运用一般人不能整合的战略资源；三是企业家能够找到一般人难以想象的解决方案。王传福率先发现了电池的"市场缝隙"，以此抓住了大家没有发现的市场机会，实现了创业的跳跃。等很多企业发现了这个机会，蜂拥而入的时候，王传福却快速整合了全球资源——技术、人才、市场等，同时创造了大家不敢尝试的制造模式，不仅跳出了电池产业的红海竞争，还完成了传统汽车和新能源汽车的双向布局，实现了蓝海市场的转舵。这就是企业家的创新精神。

王传福的成功恰恰验证了彼得·德鲁克所言："创新是企业家特有的工具。"而这种"工具"，让企业家带领企业走向一个又一个成功的彼岸。对于这个"工具"，熊彼特曾经提出了三点建议：一是打破习惯、常规和惰性的束缚，拥有实现未来蓝图的意志和决心；二是有足够的自信和意志去克服来自社会的各种压力、阻碍和干扰，排除各种对立面，争取各种支持力量；三是善于把握机会、及时进行利害权衡的精明气质。其实，这是从企业家性格改变角度而言，如果从思维角度而言，还需要企业家做到关键的三点：一是具有超越对手的商业思想，二是具有整合智慧的能力，三是具有敏锐的市场洞察。而从操作角度而言，最关键就是要做到简单、可操作。彼得·德鲁克就特别强调创新的简单易行。他指出，任何一项创新如要行之有效就必须简单明了、目标明确。如果不够简单，就无法操作。实际上，对于很多创新，我们都有这样的感受："这太简单了，为什么我就想不到呢？"其实，很多创新都是细节感受，并不一定要颠覆性。其次，创新在很多时候就是整合思维，苹果的每一款产品都整合了很多大家熟知的技术，并进行局部创新后，吸引了消费者。比亚迪汽车也是通过非专利技术的整合，完成了创新组合。

实际上，创新也存在很多误区。哈佛商学院教授、创新专家克莱顿·克里斯坦森写了一本关于创新的书，叫做《创新者的困境》。在该书中，他特别指出了创新的原则——做好金字塔形布局。他认为，"满足高端客户的需要"就是一个陷阱。他说，少数有消费能力的高端用户需要更加优质更有特色的产品，鉴于此类产品利润丰厚，公司很可能不计成本进行研发，结果少数高端用户的要求得到了满足，而大多数中低端客户却被拒之门外。而此时，其他公司可能乘虚而入，以较次的技术提供低廉的产品，就会迅速挤压现有公司的空间。我们从苹果 iPad 案例就会发现史蒂夫·乔布斯的市场智慧：iPad 的价格在初期高高在上，随着市场打开，二代出来，其价格迅速下降，不仅推动了市场销售，也打压了市场跟随者。这个有效策略，让很多跟随企业销量迅速下滑。这说明，企业家的创新精神不仅要体现在战略创新、产品创新上，还要有营销智慧。

案例·创新思维：王传福的六脉神剑

管理大师彼得·德鲁克曾经说过："企业的目的无非两个：创新和营销。"创新就像一只黑匣子，人人都知道它存在，但很少人知道它到底是什么，更少人知道该怎么做。彼得·德鲁克的老师、经济学家熊彼特则认为，创新就是创造性破坏，企业家精神就是创新精神。不过，企业家都知道，破坏很容易，创造性破坏则非常难。然而一旦找到创新路径，企业必然能够脱颖而出。因此，创新对于企业的重要性不言而喻。

实际上，王传福就掌握了这种创造性破坏的创新方法。

变柔，即企业文化。 2002年12月，王传福曾和孙一藻等一行三人到台湾鸿海拜访富士康的掌门人郭台铭。此前，王传福对郭台铭为了拿到订单可以站在客户门口，做一些很卑微的事而敬重他。但这次见面却让王传福有了新的想法：郭台铭经常是谈到一个问题就按一下电话，让守在门外的相关负责人进来汇报工作，汇报后还不许走，最后所有被叫进来的人都毕恭毕敬地靠墙一字排开。这样的霸气让王传福觉得很不舒服。王传福更希望能在比亚迪营造一种"家"的文化，而不是这种"等级文化"。实际上，王传福就是通过春雨般的"家文化"，让员工主动提高生产效率。在比亚迪，除了拥有汽车工厂，王传福还为工人们建造了亚迪村、亚迪宿舍和亚迪学校等，甚至他和普通员工一样，穿着普通制服按时打卡上班，并且常常比员工还晚走。王传福对其高管团队的股权许诺，也在公司上市后全面兑现。此外，他为职工建起了亚迪幼儿园、亚迪小学，甚至和深圳中学联办，建立亚迪分校。他说，这些孩子，也可以说是比亚迪人的后代，他没有理由不让他们受到良好的教育。王传福拨了一笔专款，办起图书馆，竖起了黑板报，办起各类技能学习班，甚至亲执教鞭,毫无保留地向员工传授高科技知识。在王传福的鼓励下,员工还成立了文学社、书画社、艺术团、英语协会……这些行动,就等于在为员工创造一个个小家。

变远,即着眼未来。王传福绝对是一个坚定的舵手,带领着比亚迪一次次杀入那些按照惯常商业逻辑难以获得成功的行业。从 1995 年创业至今,比亚迪已经从一家单一的手机电池生产商发展为横跨 IT、汽车多产业群的多元化制造企业;从 250 万元的资本金做到今天 200 亿元的营业收入,10 多亿人民币的利润,约 400 亿港币的市值。在香港资本市场,机构投资者一次次对王传福的多元化产业决策发出质疑,觉得他在每个产业中的打法、做法不可思议,甚至用"疯子"加以形容,但比亚迪在不同产业取得的成绩让投行的分析师不得不一次次修正他们的判断。其实,每一次都是王传福看得远。在进入传统汽车前,他看到了中国汽车产业的庞大消费潜力和高性价比汽车的或缺;在做新能源汽车前,他看到了未来低碳、环保的大势所趋。这是高远的思想,而不是疯狂。

变精,即渠道深挖。在很多时候,需要并集中精力对其企业产品进行保姆式维护和服务,进行创新。所有的战略,没有执行,就是空话;所有的执行,没有方法和工具,就是蛮干。与其在战略里云山雾罩,不知所云,不如先把面对顾客的基本功打好,船到桥头才能直。

变尖,即产品聚焦。我们从王传福的发展路线上可以发现,他基本都是在研究电池,从手机电池到电动车电池,再到储存电的电池。他就没有离开电池,这样更容易做深入。目前,比亚迪在镍镉电池领域全球排名第一,镍氢电池领域全球排名第一,锂电池领域也是全球排名第一。王传福成为名副其实的"电池大王"。在这个优势下,比亚迪又有了铁电池等领先技术,不仅装载电动车,还可以应用于其他方面。王传福一举成为新能源汽车的领航者。就像香港风险投资公司汇亚集团董事兼常务副总裁王干芝所言："王传福是我见到少有的非常专注的人,他大学学的是电池,研究生学电池,工作做的还是电池。"

变轻,即成本创新。开源很难,节流可控。王传福是这样计算人工成本的。"比如说我做 F3 或者 F6,我如果把这款车的设计给欧洲做的话,就像我们一些同行现在做的一部车至少 2000 万欧元。我们的车如果自己的工程师做这些图纸,画这些图,2000 万欧元,相当于 2 亿元人民币,你想想 2 亿元人民币可以养多少人?"富士康到外地出差的员工,回来报销时要求把每一张发票都要填清明细,甚至要注明起始点和终点。比亚迪没有这种规定,王传福认为,应该让员工觉得舒服,觉得企业没有跟自己斤斤计较。在王传福心里,从大处着手降低成本,比和员工一分一厘地计较这些更有效。在比亚迪,包括王传福在内的所有公司高管和普通员工一样,出差一律坐经济舱。王传福的节俭就是:不该花的钱一律不花,但该花的钱也绝不计较。

变快,即内部沟通。我们都无法回避这样的问题:市场只有一个,而提供同样商品的企业却多如牛毛。因此,速度决定成败,只有持续地快速成长才能成为市场的主宰者。在比亚迪,事业部想发展新业务,没问题,只需要向王传福出具一份可行性报告,类似于商业计划书,用王传福的话就是"能说服我,让我觉得很高兴就可以做了"。实际上,流程虽然是简单的不能再简单了,但是让王传福觉得"高兴"并不是件容易的事,针对这份计划书,王传福的大脑会快速运转,按照其中提供的数据来分析新业务的可行性,"这件事没那么简单,我要做很多种分析,这个过程很复杂,不是用语言能描述清楚的。"这种看似风险极大的文化,却让比亚迪管理变得简单,效率很高。王传福告诉《中国企业家》杂志:"我相信我这个企业,我还离不开,只有我来管,别人管理念不一样。我们企业只有一种声音,没有第二种声音,错了就错了干,这样才能保持决策高效,只有高效才能适应高成长。再过几年企业过了

1000多亿,有多家子公司上市,到那个时候我们才可能作一些管理上的架构调整。"沟通效率决定发展速度。

变高,即财富观念。 王传福知道,只有给每一个人发挥的空间,比亚迪汽车才能发展起来。多年来的实践也证明,比亚迪的很多中层管理人员(约在50%)通过历年的校园招聘走进公司,更有优秀者,不到30岁就实现了个人抱负,成为部门优秀的负责人。此外,在王传福的财富观下,每一个管理者都能得到发展机会和财富。

变通,即内部管理。 管理者要以身作则,领导者的一言一行影响着企业整体,管理者必须从自身做起。在比亚迪,王传福亲自主管研发,这占据了他30%的精力。在上海,王传福有一间自己的办公室。他经常在里面一工作就是十多个小时,或者在实验室里和工程师们把一辆车拆得四分五裂,满手黑色油污。员工经常看到王传福更换用车,因为常常是王传福一声令下,他的豪华座驾就会被拆得四分五裂。比亚迪每年都要花几千万元购买全球最新的车型,并让工作人员来拆,拆完之后写总结、写报告,车子则报废。各种新车上市一款,王传福买一辆,其中不乏宝马、奔驰、保时捷。就是在王传福的带动下,从这最基础的拆车技术里,比亚迪开始学习汽车业的新玩法,从而找到成功经验以及可以学习的技术。

变专,即技术考核。 除了一架法拉利F1赛车的车模之外,王传福的办公室里堆满了各种各样的专业技术杂志,从机械、电子、电工到汽车。如果不是事先说明,你很可能会认为误闯了一位企业总工程师或者首席技术官的办公室,但在比亚迪,这恰恰就是最高决策人的办公室。无论从哪方面来看,王传福都更像一名对技术高度痴迷的工程师。不论是对电池、手机部件,还是在汽车领域,他经常会在设计部门负责人的办公室里一待就是一天,大家对各种技术难题展开讨论,而且思维能在各种产业间时时转换,甚至彼此融合。他不会打高尔夫,他喜欢和自己的工程师们一块踢足球、飙车,这种纯棉夹克式的工程师打扮和对技术的投入与偏好在比亚迪 20 多个事业部的负责人身上一以贯之。

实际上,王传福这几个"变"都是促使其完成创新精神的基础,这些基础促动其创新思维,完成了从创新思想到企业成功的不断跳跃。

本章启示

企业家如何培养创新精神?

财务处理机、大型机、服务……IBM 公司每一次的历史性转型,都给 IT 行业带来跨越式的变化,也深深地体现了"随需应变"的理念。实际上,比亚迪的每一次转变,也给每一个行业带来了变化,或者是盈利模式变化,或者是创新模式变化,或者是制造模式变化……为什么会产生这些变化? 是否有经验可以供企业家参考?

一是责任力量:企业家创新的动力源。

任何一个人做事情,必须有强大的动力,企业家也是如此。"作为企业家,我的天职就是为企业的投资者带来投资回报,为企业扩张市场份额获取利润。"这是很多成功企业家的发言,作为企业家回报投资者就是我们需要提倡的一种文化精神。但是目前,很多企业的管理者为了私人利益,而放弃"大家"利益,放弃投资者利益。实际上,作为企业家,最需要进行道德教育,即告诉其有所为有所不为,以道德尺度丈量他们的行为,最终使其能为投资者利益着想,为"大家"着想。作为掌门人自己要做到这点,还需要传承给中层,随后传递给员工,而当这种精神形成自然的企业文化，企业也必然能克服种种困难，驶向成功的彼岸。

二是五力模型：企业家创新的基础。

任正非通过核心资源的"聚焦专注"、传播策略的"低调潜行"、世行竞争的"动物凶猛"、企业文化的"危机意识"等构建了独特的华为创新精神，也成就了他的江湖地位。而王传福则通过创新的五力整合，完成了比亚迪创新基石的搭建。简单而言，这五力就是：一是执行力。任何一个企业，要想实现自己的战略目标，其执行团队的构建就是重中之重。比亚迪通过给机会、压担子、多实践，让团队执行力变得非常强大。二是协同力。企业需要个人智慧，更需要组织智慧，企业有机协同让效能数倍放大。王传福通过企业文化、制造模式创新等策略，使比亚迪内部从生产到管理都变得轻松，并具有协同力。三是洞察力。企业家的卓越洞察力，是要求管理者能够看清行业的规律、消费者的潜需求和企业的能力边界。比亚迪从传统汽车到新能源车，无不体现了这点。四是决断力。战略机会主义时代，仍然充斥着大量的机会。能否捕捉这些流星般一划而过的机遇，是企业成功的关键。进入汽车产业的力排众议，强行进入，充分体现了王传福与众不同的决断力。五是平衡力。它既体现在组织与人的平衡和谐，也体现在组织与环境的平衡和谐，更体现在前四种力量的综合运用。

三是创新合力：让企业家创新变成企业创新。

在欧美企业创新案例中，有一种金字塔模型，即通过"众创新"的合力完成创新的组合聚变，而不是一个或者几个人的智慧。其实，采用这个工具也很简单。首先企业管理者要评估当前的工作，并对创新工作进行调整，以确保创新活动在所有层面上展开。企业如果能做到每个人都能参与其中，创新的文化也会自然形成，并发挥实效。这样，每位员工都有可能成为创意搜寻者和项目发起人。此时，就突破了个人的智慧引导企业可能产生的局限和风险，通过众智慧的聚合，让创新更多、更精。据有关资料显示：2003—2004 年间，吉列公司就采用了这个金字塔模式，以此作为加速创新举措的一部分。结果，每个职能部门和业务单元部源源不断地推出了创新，从而提高了收入和利润。这些创新包括新产品（如电动牙刷）、新理念（如研发流水线在 2006 年推出的 5 刀片 Fusion 系列电动剃须刀），还有击败竞争对手的创新式营销，例如为产品锋速 3 突破开展的各种宣传活动，让对手毫无还手机会。实际上，当这些"众创新"聚集一起，不仅可以形成横向创新（多种创新模式）的组合聚变，也可以实现纵向创新（单项聚焦和深入发掘）的组合聚变。

四是思维创新：完成创新的两种路径。

实际上，创新的雏形就是思想。在很多时候，谁把思想的火花点燃，并形成燎原之势，谁就能率先获得创新带来的成果。那么，是否有借鉴之处呢？首先是逆向思维。把人通常思考问题的思路反过来，用对立的、看上去似乎不可能的办法解决问题。利用这种思维方法，可以巧妙地解决一些我们正常思维所不能解决的问题。本来制造电池和汽车，都需要全自动设备，以此形成规模化的发展，而王传福却逆向思维，对立地开始人海战术，通过人工夹钳完成科技测量。其次是整合思维。一说起创新，很多人都想到发明。其实，创新与发明不同。发明实际上就是无中生有，而创新则是发明与洞察力的交点。王传福就是通过非专利技术整合，完成了技术创新。发明不一定能够带来市场价值，但创新完全可以带来市场价值。而这些创新往往就是一点一滴的思想，由此而展开的落地行为最终让梦想变成了现实。

紫色陷阱：你距离营销创新有多远

客户价值才是创新核心

世界营销大师菲利普·科特勒说："现在的企业越来越成熟，也越来越相似，是因为他们迷失了创新。"实际上，迷失创新在中国企业竞争中是非常普遍的现象，这是什么原因呢？这还需要从我们的市场现状说起。

首先，中外企业发展基础的不对称。中国改革开放只有30多年，中国企业也多是在改革开放后才逐渐发展起来的，而国外企业往往历经了上百年的历练，有大量的管理、技术、营销等经验可以传承。因此，与国外企业相比，中国企业缺乏更多的优势，致使很多企业陷入了"四有四无"境地——只有制造没有创造，只有加工没有技术，只有生产没有品牌，只有模仿没有自主创新。在这样的背景下，缺乏核心能力的企业就会走捷径——通过营销手法的创新进行弥补，甚至通过营销的花拳绣腿搅乱市场格局，以此实现突破。

其次，中外企业品牌影响力的不对称。跨国企业依靠时间优势和技术优势，已经抢先占据了制高点，在市场上和消费者认知中，已经形成了强势的品牌力，这都对中国企业的品牌发展形成了强大阻碍。而在这种阻力下，很多企业采取了炒作模式，即人为制造很多事件，以此吸引眼球。在大量的关注下，企业自认为品牌提升了。其实，这只是所谓知名度，还不是品牌。

再次，中外企业溢价力的不对称。跨国企业首先抢占了高端市场，然后以品牌力向中低档产品层渗透。而国内的众多制造企业往往只能采取价格战，通过价格杠杆拉动市场销售，根本无法进入产品金字塔的顶层。在原材料、人员成本不断上涨的背景下，国内企业的利润只能越来越薄。在这种背景下，企业该如何做呢？毫无疑问，借助地利优势，进行营销迷踪拳。由于市场消费潜力很大，企业又处于地大物博的成长空间，进行几个单点的营销组合，往往就可以轰开市场。

由上我们可以看到，在缺乏核心竞争力的市场对决中，很多企业不得不采取了营销手法的花样翻新，但是这就容易进入窄胡同——只关注热点、热闹、吸引眼球，而忽略了消费者的核心需求。以这样的方式，企业短期内或许可以火爆一把，但很快就会被消费者所遗忘，因为消费者看不到你的价值，自然不会长期跟随你。

菲利普·科特勒讲得好："营销不是教会我们如何巧妙地卖东西，而是一门创造真正客户价值的艺术。"所以，营销的本质是价值。有些企业之所以营销做得很艰难，不是销售人员不努力，而是企业在价值层面上已经输给对手了。这就是营销创新的病症。

在这方面，比亚迪就走出了一条与众不同的营销创新路径：首先，产品创造客户价值。从上文我们已经知道，比亚迪通过非专利技术集成等战略走出了高性价比的发展路径，还通过时尚不贵、满足中国消费者细节需求等策略走进消费者心里，这些都创造了实在的客户价值。通过细节创新，比亚迪迅速完成了由"产品购买者"向"需求满足者"的历史转变，最终，实现了"价值创造者"的全新转变。其次，营销创造价值。一是采取以空间置换时间策略。通过集中优势兵力分站推广,完成一个又一个根据地的巩固。为此,比亚迪除了在产品设计、功能配置等方面体现高性价比战略,还借助集中化的推广模式让服务等更精耕细作,以体现出品牌的价值感。这样,消费者就可以充分了解比亚迪、认识比亚迪。最终,达到了认可比亚迪的目的。二是通过聚焦眼球效应,借势巴菲特完成一次又一次的事件炒作,让企业知名度迅速攀升。实际上,借助巴菲特,也在暗示这样的信息——巴菲特喜欢的车,品质、品牌肯定不错,这也是在为品牌增值添加筹码。由此,我们可以看出:营销的创新不仅仅是技术上的创新,更重要的是市场价值的创造。这种市场价值由市场而来,真正的考验在于满足消费者的真实需求。也就是说,营销创新的重点在于创造消费者需求价值,并非只是寻求新的发明或突破,甚至是闭门造车地策划一些所谓炒作事件。

只有通过市场考验,受到消费者支持的营销创新,才能创造出真正的消费者需求价值,也才能让企业突破市场坚冰,快速成长起来。

案例·比亚迪营销创新的中国智慧

在比亚迪的营销推广中,至少有两个营销手法值得我们借鉴:一是 F3 汽车上市的分站推展精准营销模式,二是借势股神巴菲特炒作的事件营销模式。前者是上市初期,后者是发展中期。

首先是分站营销模式。

2005 年 9 月,比亚迪自主研发的首款中级轿车 F3 准备上市。如果是已经具有品牌力的汽车企业,新品上市是刺激消费的利器,这是值得兴奋的事情。然而作为汽车产业新兵的比亚迪却非常沉重。围绕上市推广,比亚迪汽车销售公司开了一次又一次的会议,方案改了一次又一次。从规划—确定—否定,到再规划—再确定一再否认，多次讨论后，对企业所处的环境、所掌控的资源、竞争对手的态势、消费者的分布等进行全面考量，确定了"精准营销"推广模式。

被誉为西方近代军事理论的经典之作，由克劳塞维茨所著的《战争论》一书中多次谈及一个最重要的作战原则：在行动时，对于目的和兵力都必须尽量保持集中。作为新进入者，在品牌处于劣势的情况下，如果在全国全面上市，遇到的对手不仅仅是跨国汽车品牌，还有国内自主品牌，压力之大可想而知，胜算的几率几乎没有。如果选择局部市场，就可形成自己的优势，弥补品牌方面的不足。因此，"集中优势兵力，各个击破"的分站营销模式成为当时比亚迪最好的营销策略。

实际上，分站式营销还能够保证比亚迪对市场的敏感度大大高于跨国汽车公司。"其他品牌的市场情况，可能要通过经销商反馈给省区经理，再反馈给大区经理，再反馈给总经理，再反馈到海外，要有十个步骤。"时任比亚迪汽车销售公司总经理的夏治冰认为，"我把十个步骤浓缩化、简单化就一个步骤，我就在现场，就在前线拿着望远镜望着对方的阵地"。

采取分站上市的营销模式，还有产能因素的考虑。通常而言，一款新车从上市到量产阶段都会有个过程。根据产能来做，能够使自己的"精准营销"同"饥饿营销"区别开来。"饥饿营销"的做法是，通过饥饿导致产生购买欲，并且是消费者心甘情愿自掏腰包，经销商或者厂家获得加价销售的利润。夏治冰很显然不愿意这么做，夏治冰期望在保证市场供应的基础上，迅速建立市场能见度，之后建立比亚迪汽车的品牌和口碑。

2005年9月22日，比亚迪F3的首站上市选择在山东济南。为什么将济南作为突破点呢？夏治冰认为，首先从运输半径考虑，产品从下线到市场销售，时间点的把握很重要，从西安到山东运输路途近。其次是从干扰度考虑。山东不像北京或者其他城市有自己的轿车生产商，相对来说，比亚迪在当地做市场推广，受到的干扰度较低。第三,山东整体经济发展较快,市场启动相应较快,比亚迪汽车在进行市场前期调研时,山东排名前五位,切入后发展空间较大。最后一点,从比亚迪汽车自身网络建设来看,山东的服务站和销售网络建设都比较充分。

通过巡回、分站上市的操作,比亚迪在目标市场上就可以精准地进行市场定位、产品投放、价格策略、产品工艺、广告投放、亲情服务、全员培训。当一个区域达到预期效果后,就迅速再进行下一个区域的推广。由于火力集中,比亚迪在各省、市的品牌知名度和美誉度也就迅速提高了。营销集中后,基础也随着夯实,在每个区域的渠道建设自然也就变得非常成熟。就这样,从 2005 年 9 月 22 日到 2006 年 5 月 22 日,从山东济南到辽宁沈阳,夏治冰将 F3 上市模式分别在杭州、郑州、深圳、南京、上海、天津、成都、贵阳、昆明、泉州、北京、西安等 14 个城市开展,整个上市时间长达 9 个月。工夫不负有心人。比亚迪三年磨一剑,一剑惊天下。

然后就是事件营销模式。

在 2011 年 4 月 30 日的巴菲特公司的股东会上,巴菲特投资的中国汽车企业——比亚迪是这次股东大会的一大热点。比亚迪在这次会议上被定为"三大主题"之一,今年的股东入场证上印有三个标示,从上到下分别是奈特捷的飞机、北伯林顿铁路公司的火车以及比亚迪的 E6 商务车。也就说在去年,巴菲特和芒格专程来中国参加了比亚迪的一系列商业活动。也正是这场借势活动,缓解了当时比亚迪与经销商愈演愈烈的矛盾,还让比亚迪为此火了一把。

2010 年 9 月 27 日,巴菲特、盖茨来到中国。并在此参加比亚迪汽车 2010 年度(大中华区)商务年会以及一系列重要活动。9 月 27 日,深圳华侨城洲际大酒店,一楼大宴会厅。外场人群一阵骚动后,"主角"终于现身——以一种另类的方式:巴菲特与芒格及其随行人员乘坐一辆电瓶车缓缓驶入会场隔壁的 VIP 室。两分钟后,身着黑色西服加大红色的星点领带的巴菲特终于亮相,全场掌声雷动,随行的包括伯克希尔公司多名重量级人物。除了见证比亚迪与南方电网签约仪式，参加比亚迪第100万辆销售庆典暨F3DM全国巡回上市启动仪式外，巴菲特在会场的一个重要"工作"，就是要频繁为上台的比亚迪经销商颁奖。其中包括为新能源车经销商代表授权，以及为纯电动汽车e6累计运行60万公里庆祝仪式的嘉宾授牌，同时对于56名比亚迪优秀经销商，巴菲特也一一授奖并与其合影。

巴菲特一行此次中国之行，全程由比亚迪公司邀请和负责，巴菲特一行将走访比亚迪在中国的多个研发和生产基地。除了29日晚在北京参加比尔·盖茨基金会主办的慈善晚宴，其他时间全部用于考察比亚迪和参加比亚迪组织的活动。他们对位于葵涌、惠州、坪山、宝龙的比亚迪基地展开全面考察。在深圳葵涌，巴菲特参观了比亚迪社区、学校，在惠州，巴菲特、盖茨一行则对比亚迪铁电池车间进行了参观。当天下午三点，他们又对比亚迪坪山总部的汽车造型车间、电动汽车充电站、移动式储能电站、汽车总装车间、太阳能电站、汽车检测中心等进行参观。

巴菲特、比尔·盖茨、查理芒格等举世瞩目的商界传奇人物亲临比亚迪相关会议的现场，不仅显示了他们对比亚迪企业和产品的信心，更吸引了全球媒体的关注。甚至被称为"比亚迪一员"的巴菲特一再表示："对我而言，投资比亚迪是正确的选择。当销量突破千万辆的时候，我会再来。"还有比这更好的广告形式吗？

本章启示

如何做好营销创新？

这是一个营销迷失的年代，"多则惑"是典型特征。正确的不一定正确，错误的也不一定错误。问题的核心在于,你是谁? 不同的企业,因不同的市场地位,销量成长的路径是否具有一定的规律? 其实,甲企业操作战术搬到乙企业可能就是"滑铁卢"的开始,而甲企业的营销智慧搬到乙企业往往带来全新的营销开始。

一是善于打市场需求战。

营销创新从本源而言,起源于问题意识,也就是要发现问题、提出问题和解决问题。因此,营销创新首先就要从消费者层面去发现问题——哪些问题还困扰着消费者? 这些问题是否隐藏着庞大机会? 我们能否找到解决方案? 在这样的视角下,自然就有了营销创新,而且是具有核心价值的营销创新。态度决定一切,创新的关键在于克服经验主义,改变观念、转换思维。只有这样,才能找到消费者需求,并做到满足和提升。

二是善于打销售心理战。

在比亚迪汽车进入市场前期,铺天盖地的都是比亚迪"销量"倍增的新闻,我们回归到营销层面,可以用三个字概括"热营销"。我们从比亚迪推出汽车开始,就时时能够见到热销的新闻,而且浪潮一浪盖过一浪。我们抛开其销量本身话题,而深入研究这种传播,就会发现:这非常符合"追涨不追跌"的消费者心理——既然销量这样好,我也购买一辆,于是形成了跟风热潮。如果从经济领域来解释,这叫做"羊群效应"。所谓的"羊群效应"也就是"从众心理"。作为企业只有突破消费者心理,完成"热营销",形成消费者"从众心理",才能形成传播的最大化。

三是善于事件炒作营销战。

"三流企业做事,二流企业做市,一流企业做势。"企业的营销战略不仅靠技术实力,也需要传播造势。比亚迪做的最有名的策略就是整合巴菲特,从巴菲特入股到中国之行，有巴菲特的地方就有比亚迪，巴菲特完全成为比亚迪的代言人。而这种持续炒作形式，让比亚迪的知名度迅速传播到全球。实际上，事件营销如果借势不准，借力不对，对品牌提升毫无益处，甚至流为雕虫小技、自我炒作、恶性跟风的笑柄。此外，如果把企业的每一次事件营销活动比喻成一颗颗散落的珍珠，而一致性的行动方针和持续运作模式就是把珍珠串起来的串链。而一旦散落的珍珠用一致性的串链连接起来，那就形成了光彩夺目的品牌珍珠项链。因此，企业在事件营销上，首先必须做好充足准备，尽量避免商业化痕迹；其次必须做到活动的紧密运作，能够准确回答"做什么、谁来做、如何做、在哪里做、何时做"这五个问题，并做到有效落地；最后，事件营销需要有持续策划，这样效果更好。

理念创新：看山是山，看水是水

在 2002 年，一直踩在时代脉搏上的 IBM 推出了新主张："你 On Demand（随需应变）了没有？"风雨百年，IBM 每次都能抢在进入"生命周期"最后阶段快速转型，找到"第二曲线"，完成几乎是脱胎换骨的"创新"，踏上全新发展的"生命周期"。这其中的奥秘完全可以概括为四个字——"随需应变"。

同样，在中国也有如此"善变"的企业。比亚迪用八年时间，成为与三洋、索尼等全球电池巨头同台竞技的"电池大王"。就在大家艳羡其"肥肉"市场时候，王传福又跨越到汽车领域，颠覆性地破开市场坚冰，并用两年时间开创了单车销量第一的奇迹。随后，他又用了六年时间，迈上新能源汽车领域的世界制高点。拨开市场迷雾，王传福也在抢占企业战略的"第二曲线"。

从表面看，无论是 IBM，还是比亚迪，以及很多企业都在寻找发展的"第二曲线"，并由此进行着"随需应变"的不断创新，其实这已经超越了简单产品创新、营销创新和商业模式创新，这已经是企业家的"理念创新"思维。它不仅要关注市场、消费者，还要关注趋势，甚至是国家政策。此外，也要关注对手（现有行业和新开拓行业）的强弱点……在这些基础上，才能形成最终的颠覆性创新。而当我们看到这个创新时候，它已经成为一种表象和过去时。其实，这是在现有的模式、基础、环境之下做出创新改变。从某种意义上看，这已经不是原来的"山"和"水"。因为它进行的往往就是颠覆过去！

深入这些案例的核心，我们还会发现：这些创新都是指以价值增值为最终目标，通过利用并行的方法把企业各创新要素（如观念、文化、战略、技术等）、创新能力和创新实践整合在一起，从而产生新的核心竞争力。实际上，就是以用户的需求作为推动力，以竞争市场的现状为参照，把多种需求和差异化整合，最终形成差异化的、交互的创新系统和持续的核心竞争力。这种创新战略自然还是一种组合聚变模式。因此，万变不离其理，这似乎还是那个"山"和"水"。

实际上，做到这种理念创新很简单。我从众多的企业成功案例中，总结出"五看"和"五敢"，以此就能找到这个路径。五看就是"看消费者、看市场、看自己、看对手、看政策"，而五敢就是"敢想、敢做、敢钻、敢说、敢改"。在"五看"中，需要企业家看清楚市场、消费者的显性需求和隐性需求，了解自己、对手的资源和优劣，循此就可以找到创新突破点，并以此整合、组织相关资源，做到组合聚变。此外，还可以通过借助国家相关政策和把握世界发展趋势，以此为创新催动无限春风。而在"五敢"中，需要企业家通过突破常规思维去想，敢于付诸实际行动，并勇于不断改正错误，以此找到更好的解决方案。同时，要敢于钻研技术，并敢于通过人脉和媒体去讲述自己的梦想，这样你就很容易成功了。说来容易，做到难。是"山"是"水"只有留给实践家和梦想家去思考并探寻了。实际上，这对于中国企业家们将是一项艰巨、持久的挑战，好在已经有很多企业家走在了路上，并取得一定成绩。

在此书完稿之即,也要感谢一直支持我的太太,还有很多朋友。当然,更要感谢蓝狮子的王留全,没有他的催促,本书或许还在规划中。

李大千

2011 年 5 月 15 日

图书在版编目(CIP)数据

王传福的创新智慧/李大千编著. —杭州：浙江大学
出版社，2011.11

ISBN 978-7-308-09222-7

Ⅰ.①王… Ⅱ.①李… Ⅲ.①王传福—生平事迹②汽
车工业—工业企业管理—经验—中国 Ⅳ.①K825.38
②F426.471

中国版本图书馆CIP数据核字(2011)第212535号

王传福的创新智慧

李大千　编著

策 划 者	蓝狮子财经出版中心
责任编辑	王长刚
出版发行	浙江大学出版社
	（杭州市天目山路148号　邮政编码310007）
	（网址：http://www.zjupress.com）
排　　版	杭州大漠照排印刷有限公司
印　　刷	浙江印刷集团有限公司
开　　本	710mm×1000mm　1/16
印　　张	11.5
字　　数	140千
版 印 次	2011年11月第1版　2011年11月第1次印刷
书　　号	ISBN 978-7-308-09222-7
定　　价	32.00元